AF742637

La responsabilité civile des entités territoriales décentralisées

Notes de cours

Dirigée par Benjamin Mulamba Mbuyi

L'objet de la collection est de susciter les publications dont la vocation est double : d'une part offrir aux professeurs d'universités l'opportunité de publier leurs notes de cours, utilisées tout au long de leur carrière, et d'autre part offrir aux étudiants et chercheurs les outils de travail dont ils ont grandement besoin.

La collection s'adresse principalement aux étudiants et se propose d'envisager toutes les questions qui touchent tous les aspects de droit, de science politique et de relations internationales qui font l'objet d'un enseignement universitaire autonome.

Nous privilégierons la publication de manuels de grande qualité scientifique qui seront mis à la disposition des étudiants, régulièrement révisés comme des outils pédagogiques et utilisés dans un grand nombre d'institutions universitaires à travers le monde.

Déjà parus :

Émile NGOY KASONGO, *La clé de l'émergence de l'économie congolaise, Analyse critique et nouvelles orientations de politique économique*, 2018.
Rémy MUSUNGAYI BAMPALE, *Apport des groupes pré-politiques à l'émancipation politique du congo ex-belge (RDC), cas de l'association lulua-frères*, 2018.
Jean KILUILA NTAMBUE, *Récupérer sa dignité humaine, Vers l'actionnalisme auto-dynamisant*, 2018.
Hubert MUKENDI MPINGA, *Éléments de psychologie médicale*, 2018.
Jean Pierre LOTOY ILANGO-BANGA, *Apprendre la science politique pour comprendre la politique*, 2018.
Berthold OYANGANDJI DIMANDJA, *Essentiel de la géopolitique*, 2017.
Beaujolais BOFOYA KOMBA, *Mathématiques pour économistes, Cours et exercices résolus*, 2017.
Marie-Thérèse KENGE NGOMBA TSHILOMBAYI, *Droit civil, Les obligations*, 2017 ;
Rémy MUSUNGAYI BAMPALE, *Les associations pré-politiques dans la ville de Luluabourg (Kananga) avant 1960, Cas de l'association Lulua-Frères, Nouvelle édition*, 2017
Georges MUYAYABANTU MUPALA, *La culture du maïs sur les oxisols en République Démocratique du Congo*, 2017.
José-Marie TASOKI MANZELE, *Procédure pénale congolaise*, 2016.
Dieudonné MIRIMO MULONGO, *Comment briser le plafond de verre pour les femmes candidates aux élections en RD Congo*, 2016.

Alphonse NGOYI KASANJI

La responsabilité civile des entités territoriales décentralisées

L'Harmattan

© L'Harmattan, 2019
5-7, rue de l'Ecole-Polytechnique, 75005 Paris

www.editions-harmattan.fr

ISBN : 978-2-343-13974-6
EAN : 9782343139746

In memoriam

A nos regrettés Père et Mère, Anaclet MUKENDI wa KANDA et Bernadette MULANGA wa KABONGO, qui nous ont quitté si tôt au moment où nous avions encore besoin de leur affection ; Henri KALA KADIMA, notre frère aîné, ainsi que les autres.

Nous gardons toujours une pensée pieuse à leur égard.

Alphonse NGOYI KASANJI

A ma charmante épouse, Odette MBUYI NGOYI
et à tous mes enfants.

Avant-propos

Cette œuvre est le fruit de cinq années de notre cursus universitaire à la Faculté de Droit de l'Université de Kinshasa, notre *alma mater*. Après un long parcours parsemé d'embûches dues notamment aux charges publiques que nous assumons à la tête de la province du Kasaï-Oriental, moult efforts ont été fournis pour parachever ce travail scientifique. Ce couronnement, possible aujourd'hui, est les fruits des efforts conjugués par le corps professoral et scientifique de la faculté de Droit de l'Université de Kinshasa ainsi que de plusieurs camarades étudiants qui, de loin ou de près, nous ont assistés par leurs sages conseils. Nos remerciements s'adressent également au Professeur Prince LUTUMBA wa LUTUMBA pour avoir accepté d'assurer la direction de ce travail.

Nous pensons de même, toujours dans ce sillage, à tous les Professeurs, Chefs de Travaux et Assistants de la Faculté de Droit de l'Université de Kinshasa pour la brillante qualité de leurs enseignements dispensés.

Nous témoignons aussi notre gratitude à notre famille et particulièrement à ma chère épouse Odette MBUYI NGOYI et à nos enfants : Becky MULANGA, Myriam MUKETU, Christelle BUKUMBABU, Hattie MBUYI, Dedi NGOYI, Daniel KALAMBAYI et Ruth MUJINGA, pour leurs encouragement et soutien moral.

Que tous nos proches collaborateurs trouvent ici l'expression de notre gratitude.

Alphonse NGOYI KASANJI

Liste de sigles et abréviations

al.	:	Alinéa
art.	:	Article
CA	:	Cour d'appel
CCCL III	:	Code civil congolais Livre III
C.C.D.A.	:	Centre Congolais du Droit des Affaires
C.C.D.H.	:	Centre Congolais des Droits de l'Homme
Cfr	:	Conferatur
C.E.	:	Conseil d'Etat
D.I.	:	Dommages et intérêts
éd.	:	Editions
ETD	:	Entités territoriales décentralisées
Fac.	:	Faculté
Idem	:	Même auteur et mêmes coordonnées
Ibidem	:	Même auteur et différentes coordonnées
JORDC	:	Journal Officiel de la République Démocratique du Congo
K.Or.	:	Kasaï-Oriental
L.G.D.J.	:	Librairie Générale de Droit et de Jurisprudence
MBM	:	Mbujimayi
N°	:	Numéro
OHADA	:	Organisation pour l'harmonisation en Afrique du droit des affaires
op. cit.	:	Opus citatus (ouvrage déjà cité)
Org.	:	Organique
p.	:	Page(s)
pp.	:	Pages
PUF	:	Presses Universitaires de France
PUN	:	Presses Universitaires de Namur
RRPP	:	Répertoire de la responsabilité de la puissance publique
VIH/SIDA	:	Syndrome Immuno Déficience Acquise

Introduction

Cette étude porte sur *la responsabilité civile des entités territoriales décentralisées en cas des dommages causés aux administrés : cas de la province du Kasaï-Oriental*. Certes, le thème sous examen soulève une problématique.

I. Problématique

La responsabilité civile est un ample vêtement pliable à tous sens, s'adapter vaille que vaille aux circonstances[1]. Donc, la philosophie du principe de la responsabilité civile est bien particulière. En 1804, en effet, l'institution est présentée sous un aspect répressif déterminant. La solution préconisée est présentée par l'article 258 et a pour finalité de sanctionner le comportement fautif de l'auteur d'un dommage, le rôle d'indemnisation de la responsabilité civile n'a été ressenti que dans la suite[2] et cela se cristallise encore mieux dans ce sens que, tout fait quelconque de l'homme qui cause préjudice à autrui oblige celui par la faut duquel il est arrivé à le réparer[3].

Mais, il convient de signaler que, l'entité territoriale décentralisée, la province étant une personne morale de droit

---

[1] TOURNEAU (P), *Responsabilité civile*, 3ème éd, Dalloz, Paris, 1982, p. 3.

[2] KALONGO MBIKAYI, *Droit Civil, les Obligations*, Tome 1, 1ère édition, Edition Universitaire Africaines, Kinshasa, 2012, p. 210.

[3] Article 258 du Décret du 30 juillet 1888 portant contrats et obligations conventionnelles.

public dotée de la personnalité juridique, elle peut être tenue responsable des dommages qu'elle causerait aux administrés.

Par ailleurs, pour bien circonscrire cette responsabilité, il faut signaler qu'en réalité l'entité territoriale décentralisée encourt une double responsabilité : administrative avec celle de droit commun.

Dans le même ordre d'idées, il sied de souligner que la théorie de la responsabilité fait la distinction entre les organes et les préposés de l'administration. Les organes sont des agents revêtus d'un pouvoir de décision tandis que les préposés sont des agents d'exécution. Dans le cas sous examen, la province est représentée par le Gouverneur, qui est revêtu du pouvoir de décision. Il agit par voie d'arrêté[4].Il peut causer préjudice aux administrés ou porter atteinte aux droits acquis.

Cependant, étant donné que l'entité territoriale décentralisée est une personne morale, le Gouverneur de Province devra répondre en tant qu'organe de décision, des préjudices causés aux administrés et ce, sur pied de l'article 28 alinéas 1 et 2 de la loi n°08/012 du 31 juillet 2008 portant principes fondamentaux relatifs à la libre administration des provinces.

Ainsi, pour comprendre la notion de responsabilité, il est important de relever que l'intérêt de la distinction réside dans le fait que le dommage causé par le Gouverneur de province engage directement la responsabilité de l'Administration sous sa gestion, pour autant que ce dernier ait agi dans l'exercice de ses fonctions et limite des compétences lui reconnues par la loi[5].

Ce qui implique que l'autorité de la décision décriée ne répondra en tant que tel que lorsqu'il sera prouvé que le

---

[4] Article 04 de la Loi n° 08/012 du 31 juillet 2008 portant principes fundament aux relatifs à la libre administration des provinces.

[5] YUMA BIABA (L), *Manuel de droit administratif général*, éditions CEDI, 2012, pp. 227-228.

préjudice subi découle des actes posés dans l'exercice de ses fonctions.

En revanche, s'il est établi que le préjudice causé par l'autorité ou le préposé relève de son fait personnel, cette dernière devra en répondre sur base de l'article 258 du Code civil congolais livre III.

In specie casu, la victime dispose d'une double option :

- soit de fonder son action sur l'article 258 du CCCLIII ;
- soit de la fonder sur base de l'article 260 alinéa 3 du même code.

Pour prétendre obtenir réparation, la victime devra démontrer l'existence du préjudice, de la faute ainsi que du lien de causalité entre le dommage subi et la faute évoquée.

Partant de ce qui précède, notre étude suscite diverses questions suivantes : dans quels cas la Province peut-elle être considérée comme responsable face à ses administrés ? Et dans quels autres peut-elle l'être civilement ? Quelles sont les dommages qui sont susceptibles d'être causés par la Province à ses administrés et qui peuvent impliquer réparation ? Qu'en est-il de la procédure de réparation au profit des victimes ?

C'est autour de ces différentes interrogations que tournera notre analyse afin d'y pourvoir les tentatives de réponses. Ce travail revêt un intérêt certain, lequel est à la fois théorique et pratique.

II. Intérêt du sujet

Sur le plan théorique, il rappelle les principes existant en la matière et en démontre les limites pour enfin déboucher sur les propositions de *lege ferenda.*

Sur le plan pratique, l'intérêt de ce travail se manifeste en la mise en place d'une série de mesures dont la prise en compte constituera un meilleur moyen de réparation des dommages causés aux administrés par les ETD, en considérant la province du Kasaï-Oriental comme cadre d'expérimentation.

III. Méthodes

Pour parvenir aux résultats escomptés, trois méthodes nous ont conduit notre fil d'idées, à savoir : la méthode juridique, sociologique et, enfin, celle comparative.

a. Méthode juridique

Au sens étymologique, la méthode est un « cheminement ». Elle est conçue comme un enchaînement raisonné des moyens en vue d'une fin, plus précisément comme voie à suivre pour parvenir à un résultat[6].

D'abord, la méthode juridique a consisté en l'analyse des différents textes juridiques relatifs à la responsabilité administrative et civile des ETD, notamment la Constitution du 18 février 2006 telle que révisée par la loi n°11/002 du 16 janvier 2011 portant révision de certains articles ; la loi n°08/012 du 31 juillet 2008 portant principes fondamentaux relatifs à la libre administration des provinces ; la loi n° 08/016 du 07 octobre 2008 portant composition, organisation et fonctionnement des ETD et leurs rapports avec l'Etat et les Provinces ; le décret du 30 juillet 1888 portant contrats ou obligations conventionnelles ainsi que d'autres dispositions en rapport avec le thème étudié.

b. Méthode sociologique

Ensuite, la méthode sociologique nous a permis de confronter la législation existante à la pratique, en vue d'en dégager la démarcation et de proposer les pistes de solution. Elle nous a également permis de faire une analyse critique de

---

[6] BERGEL (J-L) , *Méthodologie juridique*, PUF, Paris, 2001, p. 17.

certaines décisions judiciaires rendues à cet effet, par les juridictions provinciales.

c. Méthode comparative

Enfin, la méthode comparative nous a aidé à faire une étude comparative des régimes juridiques des autres pays par rapport à notre législation, en dégager les avantages positifs et proposer leur intégration dans notre système juridique afin d'améliorer les dédommagements des victimes tout en sauvegardant le fonctionnement régulier des Institutions provinciales.

IV. Délimitation du sujet

Un travail de recherche très vaste peut facilement conduire à une conclusion boiteuse, d'où le champ d'étude ou le domaine de recherche doit être limité. Ainsi, notre travail est cadré par une délimitation spatio-temporelle.

Prenant la province du Kasaï-Oriental dans sa configuration originelle comme sphère d'action, notre étude s'étend sur une période allant de 2007 à nos jours. Toutefois, la présente analyse a intégré les mutations subies par la République Démocratique du Congo, après l'entrée en vigueur de la loi de programmation n°15/004 du 28 féviel 2015 déterminant les modalités d'installation de nouvelles provinces.

V. Plan sommaire

Considérant l'importance d'une analyse structurée, la charpente de cette étude est subdivisée en deux chapitres, précédés de la présente introduction, à savoir : responsabilité administrative de l'Entité Territoriale Décentralisée (I) et responsabilité civile de l'Entité Territoriale Décentralisée (II) avant d'aboutir à la conclusion.

Chapitre I
Responsabilité administrative de l'entité territoriale décentralisée

Il sied d'abord de signaler que, depuis plusieurs années, la République Démocratique du Congo expérimente la décentralisation, instituée par la Constitution du 18 février 2006 telle que révisée à ce jour, comme nouveau mode d'organisation et de gestion des affaires publiques. Cette Constitution crée d'abord deux niveaux de pouvoir d'Etat, à savoir : le pouvoir central et la province. Elle institue ensuite trois paliers de gouvernance :

- le pouvoir central ;
- la province ;
- et les entités territoriales décentralisées.

Ce choix accorde aux provinces et aux Entités Territoriales Décentralisées la personnalité juridique et leur reconnait la libre administration et l'autonomie de gestion de leurs ressources économiques [7]. Il leur confie ainsi la responsabilité de prendre en charge les affaires qui les concernent, notamment la planification du développement[8], sous réserve du respect de la loi nationale.

---

[7] Loi n°08/012 du 31 juillet 2008 portant principes fondamentaux relatifs à la libre administration des provinces, article 4.
[8] RDC, Ministère de l'Intérieur, Sécurité, Décentralisation et Affaires Coutumières, *Guide à l'usage des autorités territoriales*, Kinshasa, mai 2013, p. 11.

Il sied de relever ici, ce qui apparaît aux yeux de techniciens comme une sorte de contradiction entre l'article 3 alinéa 1er de la constitution qui dispose : *« Les provinces et les entités territoriales décentralisées de la République Démocratique du Congo sont dotées de la personnalité juridique et sont gérées par les organes locaux »,* et l'exposé de motifs de la loi n°08/012 du 31 juillet 2008 portant principes fondamentaux relatifs à la libre administration de Provinces qui pense plutôt que ladite *constitution a institué deux échelons d'exercice du pouvoir d'Etat : le pouvoir central et la province à l'intérieur de laquelle se meuvent des entités territoriales décentralisées que sont la ville, la commune, le secteur et la chefferie ainsi que d'autres circonscriptions administratives.*

En analysant avec minutie ces deux textes juridiques, il ressort clairement que le premier institue la même nature des pouvoirs reconnus à la Province et aux entités territoriales décentralisées. Cela s'entend que dans l'ordre énumératif, nous avons, outre le pouvoir central, la province et les entités territoriales décentralisées. Ce qui correspond à l'institution de trois échelons de l'exercice du pouvoir de l'Etat, tandis que le deuxième a eu tort de ne reconnaitre que deux échelons d'exercice de pouvoirs à savoir le pouvoir central et la province, tout en minimisant les pouvoirs des entités territoriales décentralisées, dont la nature est la même que ceux reconnus à la Province.

De cela, fort de la suprématie de la constitution sur la loi, il y a lieu de conclure qu'il existe effectivement trois échelons de l'exercice du pouvoir de l'Etat institués par la constitution du 18 février 2006 telle que modifiée par la loi N°11/002 du 20 janvier 2011.

Le premier chapitre traite des notions sur les Entités Territoriales Décentralisées (section 1), la nature et les conditions de la responsabilité (section 2) avant d'aborder la responsabilité administrative (section 3) et les modes de réparation (section 4).

Section 1. Notions sur les Entités Territoriales Décentralisées (ETD)

Dans cette section, nous abordons successivement la question de la décentralisation et ses caractéristiques (§1) ainsi que celle des Entités Territoriales Décentralisées (§2).

§1. La décentralisation et ses caractéristiques

Il est vrai que la décentralisation s'oppose à la centralisation. Cette opposition n'est absolue que dans la terminologie et en théorie[9].

Dans la pratique, cette notion est relative. Un Etat n'est jamais pleinement centralisé, ni totalement décentralisé. C'est ainsi qu'en RDC, il existe des entités territoriales décentralisées et les entités déconcentrées[10].

1. Définition du concept « décentralisation »

Le concept décentralisation est définie comme étant un procédé d'organisation administrative qui consiste, pour une autorité déterminée, en général « le législatif », à confier la gestion de certains intérêts à des agents qui sont les organes et les représentants non pas du pouvoir central, mais d'une personne publique autre que l'Etat[11].

Cette définition va de pair avec celle qui dit que la décentralisation est un mode d'organisation administrative

---

[9] N.YAMBAYAMBA SHUKU, « Les Dynamiques de la décentralisation en RDC », sur www.gli, consulté le 01 avril 2017.

[10] Article 5, de la loi organique n° 08/016 du 07 octobre portant composition, organisation, et fonctionnement des entités territoriales décentralisées et leur rapport avec l'Etat et les provinces.

[11] M.A. FLAMME, *Droit administratif*, Tome I, Bruxelles, Bruyant, 1989, p.116

qui vise le transfert du processus de prise de décisions le plus près possible des administrés. Elle est le procédé technique qui consiste à conférer les pouvoirs de décision à des organes locaux autonomes, distincts de ceux de l'Etat[12].

C'est ainsi qu'apparait la notion de déconcentration. Celle-ci consiste à transférer des attributions, des pouvoirs de décision à des agents du pouvoir central placés à la tête des diverses circonscriptions administratives ou divers services[13]. C'est le cas des territoires, des groupements, et des villages en République Démocratique du Congo (cfr. art. 5 al. 1er loi organique n°08/016 du 07 octobre 2008 organisant les entités territoriales décentralisées). Ces agents restent cependant des simples représentants du Gouvernement central, ils agissent pour son compte et en son nom et restent soumis au pouvoir hiérarchique du supérieur, c'est-à-dire du Gouvernement.

La déconcentration « se présente sous forme des structures administratives et politiques qui visent à préserver les intérêts des mandataires centraux dans les régions éloignées de la capitale. Elle peut aussi se présenter sous forme d'unités locales d'administration, mais au sein desquelles les décisions sont prises par des fonctionnaires nommés par le pouvoir central »[14]. Selon Gérard CORNU, il s'agit d'un « mode d'aménagement des structures de l'administration caractérisé, au sein d'une même personne publique, par la remise du pouvoir de décision ou par la délégation de celui-ci à des organes appartenant à la hiérarchie administrative et qui demeurent assujettis ; appliquée à l'administration d'Etat sur le territoire, la

---

[12] R. DEGNI-SEGUI, *Droit administratif général*, Abidjan, 1990, p. 39.

[13] VEDEL cité par YAMBAYAMBA, accès www.glin.gov. consulté le 02 avril 2017.

[14] N.YAMBAYAMBA, *op. cit.*

déconcentration se traduit par une distinction entre services centraux et services extérieurs »[15].

Les autorités déconcentrées sont nommées par le pouvoir central et exécutent les décisions de ce dernier. Ainsi, la décentralisation doit être distinguée de la déconcentration, car dans la décentralisation, les autorités locales sont élues et gèrent les intérêts locaux. C'est ainsi que la décentralisation, comme processus politique, peut être définie comme un transfert des pouvoirs entre deux personnes morales distinctes, que ce soit entre un Gouvernement central et des Etats fédérés dans un système fédéral ou encore un Etat central et des collectivités territoriales (locales) dans un système unitaire (…), elle est aussi une approche organisationnelle visant le transfert du processus de prise de décision le plus près possible du niveau de service ou d'action[16]. De ces différentes définitions, il ressort deux sortes de décentralisation : d'une part la décentralisation fonctionnelle (a) et celle territoriale (b) d'autre part.

a. La décentralisation fonctionnelle

On entend par la décentralisation fonctionnelle ou technique ou encore par service, celle dont la gestion d'un intérêt déterminé est confiée à une autorité organiquement autonome[17]. Il faut donc comprendre que dans une telle hypothèse, ce ne sont pas des autorités locales qui gèrent les intérêts, mais des autorités organiquement autonomes. C'est le cas des ministères.

---

[15] CORNU (G.), *Vocabulaire juridique*, 10e édition, Paris, PUF, 1987, p. 305.

[16] PNUD, *Mandats, Rôles et Fonctions des pouvoirs constitués dans le nouveau système politique de la R.D.C.*, Manuel de formation, Kinshasa, inédit, 2007, p. 56.

[17] J. RIVERO et J. WALINE, *Droit administratif*, Paris, Dalloz, 2004, p. 37.

Notre préoccupation majeure ne se situe pas à l'étude de cette sorte de décentralisation, car ne cadrant pas avec les problèmes soulevés. Elle se borne plutôt sur la responsabilité civile des entités décentralisées en cas des dommages causés aux administrés : cas de la province du Kasaï-Oriental.

b. La décentralisation territoriale

Comme relevé ci-haut, la décentralisation est un mode d'organisation administrative qui « consiste à transférer certaines attributions du pouvoir central, c'est-à-dire de l'Etat, à d'autres personnes morales administratives »[18]. Ces personnes morales distinctes de l'Etat sont des autorités locales. Cette autorité s'appelle « collectivité locale ». En RD Congo, elle s'appelle « entité territoriale décentralisée » (art. 3 al. 1er de la Constitution et art. 5 al. 2 de la loi sur les ETD). Celle-ci a une personnalité juridique distincte de celle de l'Etat et celle de la Province, et elle a une autonomie de gestion.

La collectivité locale ou l'entité territoriale décentralisée se définit par référence à un certain territoire, une certaine aire géographique : ville, commune, secteur ou chefferie. Donc la décentralisation territoriale concerne la subdivision territoriale d'un Etat et repose sur la distinction des affaires nationales et locales, les dernières révèlent la décentralisation[19]. Cette décentralisation est prévue à l'article 3 de la Constitution du 18 février 2006 telle que révisée à ce jour et organisée notamment par la loi organique n°08/016 du 07 octobre 2008 portant composition, organisation et fonctionnement des Entités Territoriales Décentralisées et leurs rapports avec l'Etat et les provinces[20].

---

[18] M. Joel cité par MPINGA KASENDA, *Administration Publique du Zaïre*, Paris, A. Pedone, 1973, p. 57.
[19] RIVERO (J) et J. WALINE, *op. cit.*, p. 37.
[20] Loi organique n°08/016 du 07 octobre 2008 portant composition, organisation et fonctionnement des entités territoriales décentralisées

2. Caractéristiques de la décentralisation

La décentralisation se caractérise par l'existence d'autorités autres que celles de l'Etat qui, non seulement, détiennent certains pouvoirs de décisions administratives, mais encore jouissent d'une autonomie personnelle à l'égard du pouvoir central. La décentralisation territoriale fait que les entités qu'elle concerne ne soient plus des simples circonscriptions ou simples fonctions géographiques de l'Etat, sans personnalité juridique, mais plutôt des personnes morales de droit public avec tous les attributs de la personnalité juridique, c'est-à-dire les droits de posséder un patrimoine propre et distinct de celui du pouvoir central, d'établir et d'avoir un budget propre, d'exercer des prérogatives de puissance publique, d'ester en justice, de prendre des décisions rapides, adaptées aux circonstances et en plein connaissance des besoins des administrés dont elle se trouve rapprochée. Tout ceci se résume par les dispositions des articles 3 de la Constitution et 5 de la loi organique relative aux entités territoriales décentralisées de la RDC qui sont dotées de la personnalité juridique et gérées par des organes locaux (…). La ville, la commune, le secteur et la chefferie jouissent de la libre administration et de l'autonomie de gestion de leurs ressources humaines, économiques, financières et techniques.

Il découle de ces dispositions que la décentralisation territoriale comporte trois caractéristiques qui sont notamment : l'octroi de la personnalité juridique (a), la communauté d'intérêts (b) et l'existence des organes propres (c).

---

et leurs rapports avec l'Etat et les provinces, in *Journal officiel de la République Démocratique du Congo*, 49ème année, Numéro spécial, Kinshasa, 10 octobre 2008, colonnes 5-32.

a. L'octroi de la personnalité juridique

Il sied de signaler que l'existence d'une entité territoriale décentralisée procède de l'octroi par l'Etat qui la crée d'une personnalité juridique.

A cet effet, l'article 3 de la Constitution dispose : « (...) les entités territoriales décentralisées de la République Démocratique du Congo sont dotées de la personnalité juridique (...) ».

L'octroi de la personnalité juridique permet à l'entité décentralisée d'exister juridiquement et de prendre effectivement en charge, de manière autonome, les affaires locales. Le droit congolais reconnait à des groupements une existence juridique propre distincte de la personne physique. En principe, le législateur attribue la personnalité juridique à une association ou à un groupement dès qu'il s'en dégage une unité de but et de moyen, un intérêt collectif distinct de l'intérêt individuel. La personnalité juridique est « une aptitude conférée par la loi à un être physique ou morale d'avoir des droits et des obligations ». Au sens strict, la personnalité juridique vise l'aptitude reconnue aux êtres normaux de disposer des droits et des obligations[21]. En définitive, la personnalité juridique est une fiction légale qui n'existe qu'en droit.

Cependant, aux termes de l'article 5 alinéa 1 de la loi organique n°08/016 du 07 octobre 2008 portant composition, organisation et fonctionnement des entités territoriales décentralisées et leurs rapports avec l'Etat et les provinces, les entités territoriales comme « le territoire, le quartier, le groupement et le village sont des entités territoriales décentralisées dépourvues de la personnalité juridique ». Ces entités qui n'ont pas la personnalité juridique ont le droit d'appeler en garantie l'autorité hiérarchique où elles sont

[21] N. YAMBAYAMBA, accès www.gli.gov, *op. cit.*

dépendantes, ceci parce qu'elles ne jouissent pas de l'autonomie de gestion de leurs affaires locales.

En revanche, la ville, la commune, le secteur et la chefferie sont des entités décentralisées et disposent *ipso facto* de la personnalité juridique qui leur permet d'avoir une autonomie financière et d'action pour réaliser leur développement sans trop attendre du pouvoir central.

b. La communauté d'intérêts

Il est normal que l'entité décentralisée ait obligatoirement ses intérêts propres distincts de ceux de l'Etat. Ces intérêts correspondent aux besoins qui se distinguent ainsi des besoins généraux de l'Etat.

Ces besoins peuvent fortement varier. Les compétences habituelles des entités territoriales décentralisées sont l'entretien des routes, le développement de l'agriculture, le contrôle des marchés locaux et des petits commerces, l'urbanisation locale, la distribution et l'utilisation d'eau... Ces intérêt expriment « une solidarité d'intérêts propres aux habitudes de la circonscription locale ». Lorsque le droit reconnait ces intérêts locaux, il les qualifie des « compétences » et érige leur gestion en services publics locaux.

Ainsi les articles 203 et 204 de la Constitution du 18 février 2006 telle que révisée à ce jour dressent la liste des compétences reconnues aux provinces.

Quant à celles des entités territoriales décentralisées, elles sont données par la loi organique n°08/016 du 07 octobre 2008 portant composition, organisation et fonctionnement des entités territoriales décentralisées et leurs rapports avec l'Etat et les Provinces, précisément à ses articles 11 (pour la ville), 50 (pour la commune) et 73 (pour le secteur ou la chefferie). Il se dégage que l'intérêt local est déterminé par le pouvoir central. L'Etat est, en effet, seul habilité pour déterminer quelles sont les compétences ou les affaires qui, présentant un intérêt national, doivent être laissées à la gestion des collectivités locales[22]. Les entités locales n'ont aucun droit de se donner plus des compétences que celles prévues par la loi à leur égard. Ces intérêts sont gérés par les organes propres.

c. L'existence des organes propres

Les décisions sont prises par des représentants de la population locale. Les intérêts propres sont pris en charge par des organes propres autonomes par rapport au pouvoir central.

Ainsi, l'élection est le mode normal, en principe, de désignation des membres de ces organes qui sont des autorités décentralisées. C'est en effet que le conseil urbain élu, élit en son sein ou en dehors un maire[23]. Le conseil communal est également élu et même les conseils des chefferies et de secteur.

Toutefois, il y a les membres des organes délibérants qui sont cooptés. Tel est le cas des chefs coutumiers dans la Constitution des assemblées provinciales. Ils représentent 10% des membres de cet organe[24].

Malgré tout, l'élection demeure la meilleure façon de faire fonctionner la décentralisation territoriale, car, l'élection des représentants chargés d'administrer les affaires locales par la population de la collectivité locale constitue le meilleur moyen d'assurer l'autonomie[25].

---

[22] DELAUBADERE cité par DEGUI-SEGUI, *op. cit.*, p. 45.

[23] Article 199 de la loi n°06/006 du 09 mars 2006 portant organisation des élections présidentielles, législatives, provinciales, urbaines, municipales et locales, in *Journal Officiel de la République Démocratique du Congo*, 47ème année, Numéro spécial, Kinshasa, 10 mars 2006.

[24] Article 152 de la loi électorale du 09 mars 2006 précitée.

[25] DEBBASCH (C), *Science administrative*, Paris, Dalloz, 1980, p. 223.

L'autonomie est la situation de collectivités ou d'établissements n'ayant pas acquis une pleine indépendance vis-à-vis de l'Etat dont elles font partie ou auquel ils sont rattachés, mais dotés d'une certaine liberté interne de se gouverner ou de s'administrer eux-mêmes[26]. La notion de l'autonomie de l'entité territoriale décentralisée suppose l'acquisition et la maitrise de moyens financiers suffisants pour assurer ses fonctions. L'autonomie fiscale doit être le corollaire de l'autonomie politique. En conséquence, tout processus de décentralisation doit nécessairement mettre en concordance le transfert des compétences avec le transfert des ressources[27].

L'autonomie financière permet à l'entité décentralisée de disposer d'un budget propre, distinct de ceux du pouvoir central et de la province. Ce budget est toutefois intégré en dépenses et en recettes au budget de la province qui est présenté en même temps que le budget du pouvoir central pour former le budget de l'Etat arrêté chaque année par une loi. Selon l'article 104 de la loi organique sur les entités territoriales décentralisées, « les finances d'une entité territoriale décentralisée sont distinctes de celles de la province ». Quant à la provenance de ces ressources, l'article 105 de la même loi dispose qu'elles proviennent des recettes à caractère national allouées aux provinces, des ressources de la caisse nationale de péréquation ainsi que des ressources exceptionnelles. Signalons à ce sujet que les comptes d'une entité territoriale décentralisée sont soumis au contrôle de l'inspection générale des finances et de la cour de comptes[28], qui sont toutes de la compétence du pouvoir central.

En effet, au Congo, l'autonomie financière est consacrée à l'alinéa 3 de l'article 3 de la Constitution du 18 février 2006

---

[26] CORNU (G), *op. cit.*, p. 107.

[27] PNUD, *op. cit.*, p. 59.

[28] Article 107 de la loi organique relative aux entités territoriales décentralisées.

telle que révisée à ce jour en ces termes : « les entités territoriales décentralisées jouissent de la libre administration et de l'autonomie de gestion de leurs ressources économiques, humaines, financières et techniques ».

Même si les ETD sont autonomes, elles ont l'obligation de respecter les limites de cette autonomie et de garantir l'intérêt général. Ceci évitera que l'actuelle décentralisation ne soit pas comme celle prévue dans les deux premières Constitutions : la loi fondamentale du 19 mai 1960 et la Constitution de Luluabourg du 1er août 1964.

En effet, au Congo, le cadre d'une autonomie a largement débordé le cadre d'une simple indépendance des ETD vis-à-vis du pouvoir créateur[29]. Ceci s'explique par le fait que, le pays venait d'accéder à son indépendance et les dirigeants de l'époque ne maitrisaient pas bien le fonctionnement de la décentralisation.

Venons-en à présent au corps des ETD (§2).

§2. Les Entités Territoriales Décentralisées (ETD)

Dans ce paragraphe, il sera question de parler des entités territoriales décentralisées (A), de la répartition des compétences entre l'Etat et la Province (B), et entre les provinces et les ETD (C).

A. Les entités territoriales décentralisées

Lorsqu'une entité territoriale est décentralisée, elle se voit reconnaitre pour certaines affaires qui lui sont propres, le droit de s'administrer elle-même, en disposant d'une certaine autonomie. Autrement dit, on reconnait au profit de l'entité décentralisée un certain nombre d'affaires qu'elle gère seule, par ses propres organes. A ce sujet, la Constitution de la République Démocratique du Congo repartit les

[29] MPINGA KASENDA, *op. cit.*, p. 57.

compétences entre le pouvoir central et fixe les matières concurrentes[30].

Une entité décentralisée est alors une personne morale du droit public dotée de la personnalité juridique distincte de celle de l'Etat et qui bénéfice par rapport à celui-ci, d'une certaine autonomie pour l'exercice de ses fonctions.

A cet effet, l'article 3 alinéas 1er, 2e et 3e de la Constitution dispose que « les provinces et les entités territoriales décentralisées que sont la ville, la commune, le secteur et la chefferie, de la République Démocratique du Congo sont dotées de la personnalité juridique et sont gérées par les organes locaux. Elles jouissent de la libre administration et de l'autonomie de gestion de leurs ressources économiques, humaines, financières et techniques. »

Les principes d'autonomie politique et financière, valable au niveau de provinces restent valables aux échelons les plus bas pour éviter de décentraliser purement la centralisation au niveau des provinces. La loi portant principe fondamental relatif à la libre administration de provinces précitées dispose que la ville, la commune, le secteur, et la chefferie deviennent les centres de prises de décision au niveau local.

Nous allons étudier successivement la ville (a) la commune (b), le secteur et la chefferie (c), en laissant ainsi de côté les entités territoriales décentralisées.

1. La Ville

Par « ville » on entend tout chef-lieu de province, toute agglomération d'au moins 100.000 habitants disposant des équipements collectifs et des infrastructures économiques et sociales, à laquelle un décret du premier ministre aura conféré le statut de ville. Le décret est pris sur proposition du

---

[30] Article 201 et suivants de la Constitution du 18 février 2006 telle que révisée à ce jour.

ministre ayant l'intérieur dans ses attributions après avis conforme de l'Assemblée provinciale[31]. L'article 3 de la Constitution du 18 février 2006 tel que révisée à ce jour reconnait à la ville la qualité d'une entité territoriale décentralisée.

Il ressort de ce qui précède que la ville est donc « une agglomération d'une certaine importance[32]. Elle s'oppose au village et à la campagne. La ville est composée de deux ou plusieurs communes.

Au sein de la ville, il faut différencier les attributs du conseil urbain (1) et ceux du collège exécutif urbain (2).

a. Les attributs du conseil urbain

Pour énumérer ces attributs, il faut se référer aux articles 11, 12, 13 et 36 de la loi organique n°08/016 du 07 octobre 2008 précitée.

Le conseil urbain délibère sur les matières d'intérêt urbain, notamment :

1) son règlement intérieur ;
2) la construction et l'aménagement de la voirie située dans l'agglomération urbaine ;
3) la construction et l'aménagement des collecteurs, de drainage et d'égouts urbains ;
4) l'éclairage urbain ;
5) la délivrance d'autorisation d'exploitation d'un service d'autobus et de taxis ; l'autorisation de stationnement sur la voie publique ; la fixation et l'approbation des tarifs ainsi que la perception des redevances y relatives ;
6) le plan d'aménagement de la ville ;

---

[31] Article 6 de la loi n°08 /016 du 07 octobre 2008 portant composition, organisation et fonctionnement des entités territoriales décentralisées et leurs rapports avec l'Etat et les provinces.

[32] E. CEREXHE et alii, *Le phénomène institutionnel, juridictionnel et normatif*, Bruxelles et Namur, PUN, 1977, p. 106.

7) les actes de disposition d'un bien du domaine privé de la ville et les actes de désaffectation d'un bien du domaine public de la ville

8) l'aménagement, l'entretien et la gestion des marchés d'intérêt urbain ;

9) la construction, l'aménagement, l'entretien et la gestion des parcs publics, des complexes sportifs et des aires de jeux ; la construction et l'entretien des bâtiments publics appartenant à la ville : l'organisation des décharges publiques et du service de collecte de déchets, du traitement des ordures ménagères ;

10) l'organisation et la gestion d'un service anti-incendie ;

11) l'organisation et la gestion des pompes funèbres et des cimetières ;

12) l'organisation et la gestion d'un service d'hygiène ; construction, entretien et la gestion des morgues ; le programme d'assainissement ; la promotion de la lutte contre le VIH/SIDA et les maladies endémiques ;

13) la police des spectacles et manifestations publiques ;

14) la construction et l'exploitation des microcentrales pour la distribution d'énergie électrique l'aménagement des sources et forages de puits d'eau ;

15) la construction et la gestion des musées ; la création et la gestion des sites historiques et des monuments d'intérêt urbain ;

16) l'initiative de la création des écoles, primaire, secondaire, professionnelles et spéciales conformément aux normes établies par l'Etat ;

17) la construction, la réhabilitation, l'équipement et l'entretien des bâtiments scolaires appartenant à l'Etat dans le ressort de la ville ;

18) la création et la gestion des centres sociaux et des maisons pour les personnes du troisième âge ; l'assistance aux personnes vulnérables ;

19) la création et la gestion des centres culturels et des bibliothèques ;
20) le conseil urbain élit le maire et le maire adjoint dans les conditions fixées par la loi électorale et approuve la désignation des échevins urbains ;
21) il approuve le programme élaboré par le Collège exécutif urbain ;
22) il adopte le projet de budget de la ville ;
23) il donne, lorsqu'il est requis, avis sur toute matière intéressant la ville ;
24) il statue par voie de décision ;
25) il prend les règlements d'administration et de police ;
26) il met en cause la responsabilité du Collège exécutif urbain ou d'un de ses membres par le vote d'une motion de censure ou de défiance.

b. Les attributions du Collège exécutif urbain

L'article 39 de la loi organique n°08/016 du 07 octobre 2008 susvisée énumère les attributs du Collège exécutif urbain de la manière suivante :

1) exécuter les lois, les édits les règlements et les décisions de l'autorité supérieure ainsi que les décisions du Conseil urbain ;
2) assurer l'accomplissement des tâches d'intérêt général dans le ressort de la ville.
Il est également chargé de :
a) instruire les affaires à soumettre en Conseil urbain ;
b) préparer et proposer au Conseil urbain le projet de budget de la ville, le projet des crédits supplémentaires et de virement des crédits ;
c) soumettre au Conseil urbain le projet de reddition des comptes de la ville ;
d) diriger les services de la ville ;
e) gère les revenues de la ville, ordonner les dépenses et contrôler la comptabilité ;

f) administrer les établissements de la ville ;
g) désigner, sur avis conforme du Conseil urbain, les mandataires de la ville dans les entreprises publiques de la ville et dans les sociétés d'économie mixte dans lesquelles la ville a des participations ;
h) diriger les travaux à exécuter aux frais de la ville ;
i) administrer les propriétés de la ville et conserver ses droits ;
j) exécuter le plan d'aménagement de la ville ;
k) proposer au Conseil urbain le programme d'action du développement économique, sociale, culturel et environnemental.

Le Collège exécutif urbain prend des règlements de police et les sanctionne de peines ne dépassant pas sept jours de servitude pénale principale et 25.000 francs congolais d'amende ou d'une de ces peines seulement en cas d'urgence ou lorsque le Conseil urbain n'est pas en session[33].

Il est à noter que les organes de la ville sont chargés de l'administration de la ville. Ils font cette administration de façon qu'elle puisse aboutir à un développement socioéconomique. La ville est subdivisée en communes.

2. La Commune

Pris comme nom féminin, la commune a le sens de « groupe de gens ayant une vie commune »[34]. La loi organique sur les ETD précitée reconnait à la commune le statut d'une entité territoriale décentralisée. Elle la définit en ces termes : « tout chef-lieu de territoire ; toute subdivision de la ville ou toute agglomération ayant une population d'au

[33] Guide à usage des Autorités territoriales, *op. cit.*, pp. 24-26.
[34] CORNU (G), *op. cit.*, p. 208.

moins 20.000 habitants à laquelle un décret du premier ministre aura conféré le statut de commune »[35].

Elle est, comme la ville, dotée de la personnalité juridique. Elle est subdivisée en quartiers et/ou en groupements incorporés[36]. Elle est « une cellule de base de la démocratie, directement proche des citoyens ; centre par excellence de leur participation à l'administration de la chose publique »[37]. La commune dispose de deux organes dont les animateurs sont élus, il s'agit du Conseil communal et du Collège exécutif communal (art. 47 de la loi organique relative aux ETD).

Le conseil communal est l'organe délibérant de la commune. Il élabore le projet de budget et contrôle l'action publique et sociale et défend les intérêts communaux.

Le collège exécutif communal, ayant à sa tête un bourgmestre et son équipe composée du bourgmestre-adjoint et deux échevins, est chargé de défendre les intérêts communaux et locaux en toutes circonstances et dans les limites lui reconnues par la loi.

3. Le Secteur et la Chefferie

Le secteur est une aire territorialement délimitée pour une intervention déterminée ; rayon d'action[38].

La Constitution de la RDC à son article 3 alinéa 2e range le secteur et la chefferie sur la liste des entités territoriales décentralisées. Par secteur, il faut entendre un ensemble généralement hétérogène de communautés traditionnelles indépendantes organisées conformément à la coutume. Il a à sa tête un chef élu et investi par les pouvoirs publics.

---

[35] Article 46 de la loi organique n°08/016 du 07 octobre 2008 relative aux entités territoriales décentralisées.
[36] Article 46 alinéa 3 de la loi organique relative aux ETD.
[37] E. CEREXHE et alii, *op. cit.*, p. 106.
[38] Voy. G. CORNU, *op. cit.*, p. 949.

La chefferie, quant à elle, est définie comme un ensemble généralement homogène organisé sur base de la coutume et ayant à sa tête un chef désigné conformément à la coutume, reconnu et investi par les pouvoirs publics. Il est aussi question de différencier dans ce point les attributions du Conseil de secteur ou de chefferie (1) et les attributions du Collège exécutif du secteur ou de Chefferie (2).

a. Attributions du Conseil de secteur ou de chefferie

Le Conseil de secteur ou de chefferie délibère sur les matières d'intérêt local, notamment :

1) son règlement intérieur ;
2) la construction et l'aménagement et l'entretien des voies d'intérêt local ; l'organisation des péages au profit de l'entité conformément à la législation nationale ; l'aménagement, l'organisation et la gestion de parking de l'entité ; l'organisation du service de cartonnage ;
3) les mesures de police relatives à la commodité de passage sur les voies d'intérêt local et sur les routes d'intérêt général ;
4) La police des spectacles et manifestations publiques ;
5) L'organisation et la gestion d'un service d'hygiène de l'entité ;
6) Le programme d'assainissement ; la campagne de vaccination de la population et la promotion de la lutte contre le VIH/SIDA et les maladies endémiques ;
7) La construction et l'entretien des bâtiments publics du secteur ou de la chefferie, des complexes sportifs et des aires de jeux de l'entité, l'organisation des échanges publics et du service de collecte et le traitement des déchets de l'entité, la construction, l'aménagement et la gestion des salles de spectacles de l'entité ;
8) La construction et l'exploitation des min-centrales pour la distribution d'énergie électrique ; l'aménagement

des sources et les forages de puits d'eau pour la distribution ;
9) L'initiative de création des écoles maternelles, primaires, secondaires, professionnelles et spéciales, conformément aux normes établies par le pouvoir central ; etc[39].

b. Attributions du Collège exécutif du secteur ou de chefferie

Sans préjudice d'autres attributions qui peuvent lui être conférées par des textes particuliers, le Collège exécutif du secteur ou de la chefferie assure :

- l'encadrement des populations en vue de la réalisation du programme agricole économique de l'entité ;
- l'exécution des tâches d'intérêt général lorsqu'il en est requis spécialement par l'autorité supérieure ou lorsque l'urgence s'impose.
- Il veille à :
- l'amélioration de l'habitat ;
- la sauvegarde du patrimoine et, spécialement :

  a. l'entretien du réseau routier ;
  b. la gestion du domaine ;
  c. la protection de la flore, de la faune, des ouvrages d'art et des sites classés ; des eaux, des cours d'eau et des rives ;

- l'élaboration du projet du budget[40].

---

[39] Article 52, 73, 74 et 75 de la loi organique n°08/016 du 07 octobre 2008 sur les ETD.
[40] Article 84 de la loi organique n°08/016 du 07 octobre 2008 susvisée.

B. Rapports entre l'Etat (ou la province) et les ETD ainsi que leur financement

1. Les rapports entre l'Etat (ou la province) et les ETD

Par le concept « rapports », il faut entendre les mécanismes institués par la loi pour assurer la collaboration, le partenariat et la coopération entre les trois paliers de gouvernance en République Démocratique du Congo dans le souci de maintenir l'unité organique de l'Etat, d'assurer la cohérence et l'harmonie dans l'exercice des pouvoirs de l'Etat sur toute l'étendue du pays[41].

Le constituant congolais s'est résolument engagé dans la voie du partage des compétences entre le pouvoir central, les provinces et les entités territoriales décentralisées.

Aussi, le « rapport » consiste en l'organisation des pouvoirs qui concerne entre autres la répartition des compétences entre le pouvoir central et les administrations locales.

Pour l'Etat et la province, cette réparation est prévue par les articles 11, 50 et 73 de la loi organique n°08/016 susvisée. De ce point de vue, la décentralisation qui se manifeste par l'interdiction d'empiétement s'amoindrit lors des circonstances exceptionnelles, comme pendant les catastrophes naturelles ou en temps de guerre.

Cependant, dans la pratique, il se dégage dans l'exercice de la tutelle que l'autorité qui détient ce pouvoir intervient souvent pour sanctionner, annuler les décisions ou agir en se substituant à l'autorité locale.

A cet effet, comme le souligne Ross MOUNTAIN, « la décentralisation est un levier d'action efficace au service du développement humain… »[42]. Ceci s'explique par le fait que

---

[41] Guide à l'usage des Autorités territoriales, *op. cit.*

[42] MONUC Magasine, janvier-février, 2008, p. 13.

lorsque la population prend en charge les affaires locales, elle connait bien ses besoins et cherche à tout prix la sortie de ses problèmes. Encore, lorsqu'elle se développe, le pays tout entier se développera et les stratégies proviendront de la base.

2. Du financement des ETD

Le Titre IX de la loi organique n°08/016 du 07 octobre 2008 portant composition, organisation et fonctionnement des entités territoriales décentralisées et leurs rapports avec l'Etat et les provinces, établit les finances des ETD. C'est ainsi que les finances d'une ETD sont distinctes de celles de province. Ces ressources proviennent de la caisse nationale de péréquation ainsi que des ressources exceptionnelles (art. 105 al. 1er).

Quant au recouvrement de ces ressources, c'est l'ETD qui établit les mécanismes propres de leur recouvrement (art 105 al. 2e). Toutefois, ces mécanismes doivent être conformes à la loi et l'utilisation de celles-ci doit concourir au développement local.

Dans la pratique, la caisse nationale de péréquation ne fonctionne généralement pas tel que souhaité par le législateur.

Ce qui est à la base de la non-indemnisation ou de la non-réparation des préjudices subis par les administrés du fait de l'ETD sur pied de l'article 258 du CCCLIII.

Section 2. Nature et conditions de la responsabilité

La présente section aborde la question relative à la nature de la responsabilité des entités territoriales décentralisées (§1) et les conditions pour que soit établie cette responsabilité (§2). Cette section constitue, à dire vrai, le noyau dur de notre étude.

§1. Nature de la responsabilité des ETD

Au sens du droit, il faut entendre par nature, la conséquence juridique d'un concept quelconque.

En termes de nature, nous pouvons sans préjudice signaler qu'il s'agit en principe bel et bien de la responsabilité administrative pour faute, c'est-à-dire une responsabilité purement délictuelle. D'où l'administration est tenue responsable du dommage causé à autrui, mais il peut s'agir de la responsabilité sans faute ou quasi délictuelle. C'est ainsi que le législateur congolais a tout simplement reconnu dans son droit des obligations la responsabilité de l'Etat pour le dommage causé à autrui. C'est cette responsabilité civile du droit positif congolais qui engage également la responsabilité administrative de l'Administration. Il s'agit de la responsabilité pour faute[43].

En outre, il faudrait aussi penser qu'il s'agit également de la présomption de faute de la part de l'Administration, car, celle-ci étant une personne morale de droit public et surtout encore représentant les institutions de l'Etat. Lorsque l'agent commet par exemple une faute personnelle ; dans une telle circonstance, c'est l'agent qui répond de sa faute. En principe, dans la présomption de faute, la victime doit prouver la faute de l'administration.

Dans le même ordre d'idées, il faut justifier que la présomption de faute est systématiquement utilisée dans la responsabilité du fait des dommages des travaux publics. La présomption de faute bénéficie à la victime usagée de l'ouvrage public. Quand celui-ci est victime d'un dommage, le juge présume la faute, qu'il y a défaut d'entretien normal.

---

[43] L. YUMA BIABA, *Manuel de Droit administratif général*, Editions CEDI, 2012, p. 22.

De là, l'Administration devra prouver qu'elle a bien entretenu l'ouvrage pour s'exonérer du dommage subi[44].

Soulignons encore que cette responsabilité peut aussi être une responsabilité sans faute dans le sens que même en dehors de toute faute commise par l'administration, celle-ci peut engager sa responsabilité. La responsabilité sans faute peut également être fondée sur la rupture de l'égalité des administrés devant les charges publiques. Il est admis qu'à cet effet que « les autorités administratives, en cas de menace grave de l'ordre public, peuvent refuser de faire exécuter par la force un jugement »[45].

De ce qui précède, nous réaffirmons que l'administration peut engager sa responsabilité sans aucune faute, c'est le cas de cumul de responsabilité. Cela étant, pour bien saisir cette étude, présentons d'abord les conditions (§2) pour que soit engagée la responsabilité administrative de l'ETD.

§2. Conditions

Il faut d'abord préciser que le droit administratif en général, et celui de la responsabilité en particulier, est un droit dont l'origine est essentiellement jurisprudentielle : si le législateur et le pouvoir réglementaire y sont largement intervenus, c'est le plus souvent pour consacrer, parfois en le précisant ou en les affinant. C'est pour dire que, comme toute responsabilité, il existe toujours des conditions préalables pour établir sa responsabilité. Cela va de soi également en matière administrative pour que l'administration soit imputée responsable. Ainsi, dans cette hypothèse, il faut aussi retenir trois conditions pour établir la responsabilité administrative notamment : la violation de la loi, des actes juridiques etréglementaires… qui peuvent

---

[44] https://www.wikipédia.org./wiki/Droit de l'Administration publique, la Responsabilité administrative pour faute, consulté vendredi le 07/04/2017 à 12 heures 30 minutes.

[45]YUMA BIABA (L.), *op. cit.*, p. 227.

constituer la faute (A), le dommage (B) et le lien de causalité ou cause à effet entre la faute et le dommage subi (C).

A. La faute administrative

Il sied d'abord de rappeler la notion de la faute, car on ne serait relever les traits caractéristiques de la faute administrative, sans avoir au préalable montré le distinguo entre la faute civile et la faute administrative. Mais, généralement il a paru suffisant de fonder la responsabilité de l'auteur d'un dommage sur la faute commise par lui. Le texte de base, c'est à dire l'article 1382 l'équivalent de l'article 258, du Code civil congolais livre III du Code civil répondait à cette idée : « tout fait quelconque de l'homme qui cause à autrui un dommage oblige celui par la faute duquel il est arrivé à le réparer ». Toutefois, en raison du silence du Code civil et l'absence de définitions légales du vocable faute, le mérite revient aux auteurs d'avoir essayé de conceptualiser les significations de la faute et tenter de faire sinon pas un catalogue, mais à tout le moins, ressortir les acceptions que recouvre la notion.

Parmi la kyrielle de définitions, l'on peut citer la plus célèbre qui est celle de PLANIOL pour qui « la faute est un manquement à une obligation préexistante », définition qui n'a toujours pas fait unanimité en doctrine[46]. La faiblesse souvent relevée de cette définition est qu'elle répond à la question par la question de savoir en quoi consiste l'obligation préexistantes, qui elle aussi en soulève une autre, on assiste alors à un véritable cercle vicieux qui n'en finit point. En outre Gérard Cornu dans son vocabulaire juridique

---

[46] La faiblesse souvent relevée de cette définition est qu'elle répond à la question par la question. Il s'agit de savoir en quoi constitue l'obligation préexistante, qui elle aussi soulève une autre ; Voy. FLOUR, AUBERT et SVAUT, *Les obligations, le fait juridique*, 2001, 9ème éd. Armand Colin, Paris, n°98 : « on tourne en rond : encore faut-il avoir défini cette obligation préexistante »

donne une définition plus ou moins complète de la faute. Ainsi, le substantif faute découle de l'expression latine « fallita » qui est action de faillir, qui elle-même vient du verbe « fallere » qui signifie tromper, échapper à, faire défaut.

La faute serait alors « un acte illicite supposant la réunion d'un élément matériel : le fait originaire ; d'un élément d'illicéité : la violation d'un devoir, la transgression d'un droit, et d'un élément moral le discernement de l'auteur du fait[47] ». De cette définition, l'on retient que la faute est la combinaison d'un élément matériel, lequel peut consister en un fait positif ou une abstention ; d'un élément d'illicéité, qui consiste en violation d'un devoir en matière contractuelle par exemple, ou de la transgression d'une loi, et enfin d'un élément moral, l'imputabilité qui est l'aptitude à rendre compte de ses actes, à discerner ses actions.

Dans une autre approche, la faute, de manière « *incocreto* » c'est-à-dire, en fonction des différences propres à chaque individu, serait largement du normal, et qui dénote chez son auteur l'intention de nuire à autrui. La faute est alors intentionnelle, et son auteur cherche un but précis, notamment causée un dommage à autrui ; à ce niveau, c'est l'attitude de la personne fautive qui est prise en considération.

Après voir soulevé ces notions du concept faute, il faut savoir que, la faute administrative commise par une personne morale se diffère de la faute ordinaire commise par une personne physique. Cet état de choses est dû non seulement à l'auteur de la faut, en ce que l'administration s'entend, comme une pluralité de personnes juridiques étant toutes des personnes juridiques étant toute de personnes morales qui n'agissent qu'à travers leurs organes qui sont des personnes physiques. La faute administrative serait alors la faute commise par un agent, une autorité ou un service

[47] Gérard Corne, *op. cit.*, pp 388 à 390

administratif. Cette faute est indissociable de l'idée du service qui constitue sa principale caractéristique. C'est à la jurisprudence PELLETIER que la notion de « faute rattachée » tire son origine.

Il est important pour nous d'analyser la faute de service qui se distingue de la personne de l'agent (I), mais encore aller au-delà de cette distinction pour mieux rendre compte de la notion de faute administrative, et ceci à travers la prise en compte du degré de gravité de la faute dans la qualification de faute administrative (II).

1. Le rattachement au service : la qualification de faute de service ou de faute personnelle

Le rattachement de la faute comme critère de distinction de la faute administrative soulève la question de la dualité faute personnelle-faute de service qui a longtemps intéressé la doctrine, et a eu un retentissement en jurisprudence depuis l'arrêt PELLETIER[48]. Dès lors, pour rendre compte de la notion de faute de service, il sied de ressortir la ligne de démarcation qui existe entre elle, et la faute personnelle. Il s'agit donc de relever les notions et les contours de la faute de service d'une part (a), et de la faute personnelle d'autre part(b).

a. La faute de service

Selon PLANIOL, la faute est un manquement à une obligation préexistante. On peut donc considérer que la faute de service est un manquement aux obligations du service. Il y a donc une défaillance dans son fonctionnement normal. La

[48] www.Fr. wikipedia.org./wiki/la faute administrative, lundi le 17 avril 2017 à 4h20 .

faute de service commise par les agents de l'administration dans le cadre de leur exercice[49].

Selon E. LAFFERRIERE, il faut donc entendre que, la faute de service est un acte dommageable commis par un agent public à l'occasion de l'exécution de service, et dont la réparation incombe ;à l'administration, son fondement et sa condition première. Elle demeure une des notions majeures des systèmes développés par les jurisprudences Blaco et Pellietier en tant qu'elle est une technique spécifique d'engagement de la responsabilité administrative. En doctrine, la faute de service peut avoir un prolongement technique à savoir la faute du service.

Aussi, selon le lexique des termes juridiques, en droit administratif, on distingue deux catégories de fautes : « la faute du service public... désignant tout de faut de fonctionnement des services publics de nature à engager la responsabilité pécuniaire de l'administration à l'égard des administrés » et la « faute de service (...) désignant toute faute qui n'ayant pas le caractère de faute personnelle, ne peut engager la responsabilité civile de son auteur que ce soit envers l'administration ou envers les administrés ».

Partant de la définition donnée par E. LAFERRIERE, selon laquelle, il y a faute seulement « si l'acte dommageable est impersonnel, s'il révèle un administrateur plus ou moins sujet à erreur », la faute de service grosso modo est celle-là qui est commise par un agent en temps et en lieu de service, et qui ne peut être détachée de ses fonctions, la faute de service dans son analyse aura deux caractères cruciaux : c'est une faute anonyme, c'est une faute directe, faute anonyme d'une part parce qu'il y a dépersonnalisation de l'agent qui lui l'a commise. L'individualisation de l'agent est sans intérêt, car sans effets juridiques. C'est le service seul qui est mise en cause. Cela ne veut pas dire que c'est le service qui

---

49 www.wikipédiaorg./wii/... Responsabilité ...samedi, 08/04/2017 à 18h45 .

commet une faute, étant une personne morale, il ne peut agir lui-même, mais dit à ce propos que « la faute de service sera toujours la faute d'un homme, mais la personnalité de ce dernier est gommée dans le contentieux... »[50].

D'autre part, la faute de service est une faute directe dans la mesure où la victime, l'administré lésé n'a pas besoin d'identifier l'auteur physique de la faute ; il suffit d'invoquer le fait objectif du fonctionnement défectueux du service qui est à l'origine du dommage à l'administration à l'imputabilité du dommage à l'administration est directe contrairement aux mécanismes d'imputation de la faute de l'article 258 et suivant du Code civil qui obéissent à des règles particulières. A tout le moins, tout acte juridique, ou tout agissement matériel de l'administration sont susceptibles de s'analyser en faute de service. Tout réside dans l'anormalité de l'action administrative. La faute de service appairait comme une violation des lois et des règles du service, ou comme un manquement aux obligations de service. L'idée sous-tendue ici est celle selon laquelle la puissance publique n'est liée ni à la faute de l'agent, ni à la faute de la personne morale répondante, mais au fait du service qui a un caractère fautif par référence à ce que l'administré était en droit d'attendre. Selon le professeur DUEZ, on distingue alors trois hypothèses de faute de service.

Il y a faute de service :

- Lorsque le service à mal fonctionné[51]
- Lorsque de service n'a pas fonctionné du tout,
- Quand le service a fonctionné tardivement.

---

[50] V. Claude GOUR, « Faute de service », in *Répertoire de la responsabilité de la puissance publique* (RRPP), Paris, p. 18.

[51] www.fr. Wikipédia org. /wiki/... la faute administrative... consulté jeudi, le 06/04/2017 à 4h25'

Cependant, tout resterait simple si ce critère de distinction faute de service – faute personnelle est purement objectif et matériel, que s'il est affaire de temps ou de lieu de service ou au contraire de vie privée. Mais cela n'est pas toujours aisé, car tout agent de l'administration reste simultanément un homme, une personne privée dans l'exercice de ses fonctions. Et comme le disait Monsieur Gour, « l'homme et l'administrateur ne se laissent pas aisément séparer dans la réalité ; pendant l'exercice de ses fonctions, il reste une personne privée avec ses faiblesses, ses passions et simultanément, commission de faute à l'aide des moyens fournis par le service » [52]. Ce sont donc des situations d'enchevêtrement qui complexifient la distinction nette faute personnelle et faute de service.

Examinons à présent de la faute personnelle (b) l'issue de cette faute de service.

b. La faute personnelle

Avant de savoir c'est quoi la faute personnelle, il faut comprendre que celle-ci est commise par l'agent ou une autorité de l'administration en dehors de tout lieu du service. Mais, la définition et la recherche des critères de la faute personnelle ont été l'œuvre de la doctrine face à l'absence de formule de portée générale de la jurisprudence. C'est sous l'impulsion de E. LAFFERRIER dans ses conclusions dans l'affaire Laumonier Carriol, que la faute-personne a pu être systématisée. Ainsi, il y a faute personnelle si l'acte dommageable révèle l'homme avec ses faiblesses, ses passions, ses imprudences ». De ce qui vient d'être dit, l'on peut dégager deux traits susceptibles de révéler la faute personnelle : l'intention malveillante et la gravité de la faute. Mais cette approche s'est effacée peu à peu, devant le rapport

---

[52] Claude EMERI, *De la responsabilité de l'administration à l'égard de ses collaborateurs*, LGDJ. Paris, 1966, p. 2.

de la faute au service, et du comportement de cet agent et du service. Dans tous les cas, la faute personnelle est celle-là qui peut être sanctionnée par le juge judiciaire sans que ce dernier n'apprécie le fonctionnement du service public.

2. L'implication du degré de gravité dans la faute

Il est à savoir que comme en matière civile, en matière administrative, le degré de gravité de la faute est pris en compte pour qualifier une faute administrative. L'analyse de la gravité du manquement ; ou dysfonctionnement permet de qualifier un manquement administratif eu égard à une situation particulière, de faute lourde

a. L'erreur et la faute simple

Il convient de noter que la doctrine classique, considère l'erreur comme une sorte de faute non qualifiée du fait de l'absence de conséquences dommageables graves. L'erreur est lors une action regrettable, une maladresse, une méprise, une appréciation inexacte d'un fait ou d'un acte. Toutefois, en droit administratif, on distingue l'erreur simple de l'erreur manifeste qui permet de sanctionner l'action ou l'inaction administrative particulièrement flagrante.

Dans l'arrêt Dame CHACHUAT[53]. Le juge déclare expressément que « le fait incriminé est le résultat d'une simple erreur et n'a pas le caractère d'une faute de nature à engager la responsabilité de l'administration ».constitue alors une erreur simple l'omission de mentions facultatives sur un acte sans incidences graves sur l'administré. L'erreur manifeste quant à elle se caractérise par un excès de pouvoir ou une violation grave des obligations du service.

L'erreur manifeste engage la responsabilité administrative eu égard à la gravité du manquement qui entache le fait ou

---

[53] www.fr. wikipédia org./wiki/... la faute administrative... consulté vendredi, le 07/04/2017 à 6h00 !

l'acte administratif fautif. Elle s'apparente à une faute grossière et lourde. C'est la méconnaissance scandaleuse d'une règle, d'une loi. L'erreur manifeste se distingue de la faute simple et s'apparente plus à la faute lourde.

b. La qualification de faute lourde

La qualification de faute lourde, en fonction de sa gravité a eu dans l'histoire de la responsabilité administrative un rôle important dans la mise en œuvre de la responsabilité de la puissance publique. Le critère de la faute lourde a paru pendant longtemps un des instruments techniques d'identification de la faute personnelle de l'agent, distincte de la faute de service. La faute lourde selon le vocabulaire juridique de Gérard Cornu est « un comportement qui s'écarte largement du comportement qu'aurait eu dans les mêmes circonstances LEBON PERE DE FAMILLE ; comportement qui de note chez son auteur soit l'extrême sottise, soit, l'incurie, soit une grande insouciance eu égard des dangers que l'on crée ». En droit administratif, le recours à la notion de faute lourde pour établir une quelconque responsabilité est due à l'initiative des tribunaux judiciaires.

C'est le Répertoire Dalloz, qui en présente le premier essai de systématisation doctrinale en droit administratif. ROMIUEU dans ses conclusions dans l'affaire Tomaso Greco précise la portée. De ce fait, la faute lourde serait alors une « faute caractérisée » distincte de la faute simple, dans la mesure où elle se définit par une accumulation de fautes légères, par sa prévisibilité, et ici, on prend en compte l'intention de l'agent ou encore par la gravité du dommage. En ce qui concerne la fonction de la faute lourde ou faute qualifiée, elle remplit une fonction positive ; elle est un moyen de limitation de l'irresponsabilité de la puissance publique et par conséquent un instrument d'extension dans le processus d'évolution de la responsabilité administrative. Mais depuis qu'il est quasiment admis un principe général de responsabilité de la puissance publique, l'exigence de faute lourde a changé de signification ; elle est devenue un moyen de limitation de la responsabilité administrative[54].

De fait, il est difficile de tire un système rigoureux d'identification de la faute lourde en jurisprudence, car la faute lourde déclarée ne présente aucune spécificité par rapport à la faute simple, et ceci parce que, les éléments de définition des deux notions sont rigoureusement identiques. A tout le moins, la spécificité de la faute lourde peut découler du caractère international, ou du caractère essentiel de l'obligation violée. C'est alors au regard des conséquences de la violation qu'on appréciera la faute lourde. La doctrine administrative insiste sur le fait que la notion de faute lourde varie selon les activités considérées. A cet égard, selon Claude Gour[55], la faute lourde sera qualifiée tantôt par rapport à la nature régalienne de l'activité en cause, elle s'apparente alors à celle de la voie de fait ; tantôt la faute lourde s'explique par les difficultés de service. De ce qui vient d'être dit, on constate qu'il est difficile de systématiser les critères distinctifs de la faute lourde.

Cela est dû à la conjugaison et au chevauchement des différents éléments des fautes lourde et simple. Il reste alors que la distinction perd de sa vigueur au même titre que la distinction sus faite à propos de la faute personnelle et de la faute de service, et on tombe ainsi dans des situations de cumul de responsabilité de l'administration et de l'agent.

Après avoir balayé cette deuxième section qui a été consacrée à la nature et condition de la responsabilité, nous

---

[54] Voy. Claude Gour, « La faute de service », in *Encyclopedie*, Dalloz, Répertoire de la responsabilité de la puissance publique (RRPP), p. 29 para 310 ; Voy. J-F COUZINET, « La notion de faute lourde administrative », in *RDP*, 1977, p. 283 ; Jeanne LEMASURIER note sous C.E., 21 décembre 1962, Dame HUSSON D.1963. 588.
[55] Claude Gour, *op. cit.*, p. 31.

allons démontrer a présent la responsabilité administrative (section 3).

Section 3. Responsabilité administrative

Il est vrai que la responsabilité administrative est l'obligation pour l'administration de réparer les préjudices qui sont causés par son activité ou celle de ses agents. En d'autres termes, elle est la sanction de l'obligation de l'administration, ou d'une personne privée chargée d'une mission de service public, de réparer, le dommage qu'elle cause à autrui. L'administration au titre de cette responsabilité doit indemniser la victime par des dommages et intérêts, comme dans la responsabilité civile. Le régime de cette responsabilité est différent de celui du droit civil[56]. Pour mieux cerner la notion de responsabilité administrative, il faut comprendre la nature du dommage et celle du fait dommageable (§1) et faire une démarche entre la responsabilité administrative pour risque et la responsabilité administrative pour faute (§2).

§1. Nature du dommage et du fait dommageable

1. Nature du dommage

Dire dommage c'est aussi dire un préjudice porté à quelqu'un (corporellement ou moralement) et pour que l'administration soit déclarée responsable, le dommage doit être imputable au service public, il doit être également certain, direct et spécial. Par ailleurs, la jurisprudence administrative française admet aussi la réparation du dommage moral tel que l'atteinte à la réputation ou à une liberté d'ordre spirituel ; mais longtemps cette jurisprudence administrative a écarté, contrairement à la jurisprudence

---

[56] www.fr wikipedia org .wiki /... responsabilité Administrative ; ... consulté lundi, le 17/04/2017 à 23h00'.

judiciaire, la réparation du préjudice d'affection (douleur morale causée par perte d'un être cher). Elle a cependant abandonné cette position et admet aujourd'hui ce genre de réparation.

2. Nature du fait dommageable

Le problème de la détermination de la nature du fait dommageable prend la forme du dilemme bien connu : faute ou risque, la responsabilité pour risque étant celle qui exige seulement comme condition l'existence d'un lien de cause à effet entre l'acte dommageable et le préjudice qui l'a subi, la responsabilité pour faute exige, outre ce lien de causalité, le caractère répressible, fautif, de l'acte dommageable.

§2. La responsabilité administrative pour risque et celle pour faute

Voyons d'abord la responsabilité administrative pour risque.

1. La responsabilité Administrative pour risque

La responsabilité administrative pour risque, d'après la jurisprudence du Conseil d'Etat français, est celle qui amène d'administration à réparer, même de ses agissements non fautifs [57] l'admission de la responsabilité pour risque constitue naturellement la principale originalité de la théorie par rapport au droit civil.

Mais, il convient de ne pas exagérer sa portée, l'application de la responsabilité pour risque reste, en droit administratif, encore limitée par la jurisprudence et par la loi

---

[57] DE LAUBADERE (A.), VENEZIA (J-C.) et GAUDEMENT (Y), *Droit administratif*, 16ème éd, Paris, L.G.D.J., 1994, p. 146.

à certains domaines que nous allons énumérer ultérieurement[58].

2. La responsabilité administrative pour faute

Il est de principe que l'administration est d'abord responsable du dommage causé par sa faute. La faute de l'administration peut revêtir deux aspects : elle peut constituer dans une faute individuelle, commise par un agent déterminé et dont on peut identifier l'auteur ; elle peut également consister dans une faute anonyme dont l'auteur n'apparait pas de manière précise, du moins sous forme d'un fonctionnaire déterminer ; c'est le service dans son ensemble qui a mal fonctionné, dont le comportement n'a pas été ce que l'on aurait pu normalement attendre (c'est la faute du service :public)[59]. L'appréciation d'une faute dans le chef de l'administration n'est pas toujours facile.

Cependant, comme observe Jack De Burlet « l'administration n'est pas nécessairement en faute là où un particulier le serait ». Car si l'on sait que « la faute consiste dans la lésion d'un droit c'est-à-dire d'un intérêt juridiquement protéger, l'on sait aussi que certains intérêts « juridiquement protégés » dans le rapport entre simplement particuliers ne le sont pas dans le rapporte entre les personnes publiques et les particuliers »[60]. Pour bien apprécier ce problème, voici l'hypothèse citée par NTABALA KABANGA : au cours de leur rond nocturne, des policiers surprennent des bandits en train de cambrioler une banque. Après sommation d'usage, ils tirent parce que les bandits n'ont pas résolu à la sommation qui les invitait à déposer les armes. Mais en tirant, une balle perdue atteint et tue une

---

[58] www.fr wikipedia org./wiki/... de la responsabilité sans faute... consulté mardi, le 18/04/2017 à 14h30.

[59] DE LAUBADERE (A.), *op. cit.*, p. 145.

[60] A. DE BURLET, *Précis de droit administratif congolais*, Tome I, principes généraux, Bruxelles, Ferdinand Larcier, 1969, p. 247.

sentinelle qui gardait un bâtiment situé dans les environs de la banque.

Il est évident d'après cet auteur, que dans cette hypothèse aucune faute ne saurait être retenue à l'endroit de l'Administration ; les forces de l'ordre se sont servies de leurs armes d'une manière normale et conforme aux exigences de la mission qu'elles assumaient.

En laissent à l'administration le soin d'apprécier souverainement l'opportunité et les mesures à prendre pour assurer la sécurité et l'ordre public, le législateur prive les victimes éventuelles du droit à l'obtention, sur base du droit commun de la responsabilité de la réparation des dommages qui pourraient résulter de ces mesures. Le système de responsabilité civile uniquement fondé sur la faute est « inapte à réglementer adéquatement des rapports entre des personnes qui ne sont pas placées sur pied de l'égalité », car loin de constituer une protection efficace pour les particuliers, il favorise l'irresponsabilité des personnes publiques dans une série de ce cas où l'équité exige une réparation intégrante du dommage causé[61]. Seuls dans ces conditions, l'admission et l'extension à côté de la responsabilité pour faute, d'une responsabilité administrative pour risque assureraient plus efficacement et complètement les intérêts des administrés[62].

A l'issue de la responsabilité administrative, voyons à présent les modes de réparation (section4).

Section 4. Mode de réparation

Avant de parler des modes de réparation, il faut savoir que les modalités de mise en œuvre de la responsabilité de l'administration du dommage et celles relatives à son

[61] KABANGE NTABALE, *Droit administratif*, Tome I, Kinshasa, 1997, p. 198.
[62] A. DE LAUBADERE, *op. cit.*, p. 146.

imputation, c'est-à-dire à la recherche des responsabilités respectives de l'administration et de l'agent. Et que l'action en responsabilité n'est engagée que lorsqu'il y a un dommage, une faute et un lien de causalité entre la faute et le dommage (article 258, C.C.C. livre III). Le dommage joue un rôle important, car l'on ne peut agir en justice que dans la mesure où il y a atteinte à un droit ; c'est à l'application du principe : « pas d'intérêt pas d'action ».

Mais, une fois le régime de responsabilité déterminé, responsabilité pour faute ou responsabilité sans faute, le juge ne pourra se prononcer sur l'indemnisation du dommage que sous certaines conditions (§1). Par ailleurs, si une large palette de dommages est indemnisable, tous ne le sont pas dans les mêmes conditions (§2).

§1. Les conditions de mise en œuvre de la responsabilité

Le requérant qui souhaite engager la responsabilité de l'administration devra s'assurer qu'un certain nombre de conditions sont réunies. Il devra établir la réalité de la faute (1), mais également l'existence d'un lien de causalité entre la faute causée par l'administration et le dommage dont il demande réparation ou en atténuer les effets (3).

1. La preuve de la faute

L'obligation pour le demandeur d'établir la véracité de ses allégations est l'un des principes les plus fermement établis de notre système juridique. En matière de preuve cela se traduira par l'obligation pour lui de prouver la faute de l'administration (a). C'est pourquoi, la charge de la preuve des trois conditions de la responsabilité civile incombe à la victime (demandeur). Cette preuve se fait par tous les moyens. Si l'une des conditions n'est pas prouvée, la victime sera déboutée[63]. Toutefois, l'intervention du juge a tendance à atténuer les difficultés, que présente, pour le requérant, l'obligation de prouver. Parfois, le juge va encore plus loin en admettant l'existence de présomption de faute (b).

a. La faute prouvée

L'existence de preuve pèse donc normalement sur le demandeur, en vertu de l'adage traditionnel « *actori incumbit probatio* » la victime doit démontrer que le dommage dont elle se plaint provient d'un mauvais fonctionnement du service. Cependant, le demandeur n'est pas coutumièrement en mesure de démontrer le caractère fautif des agissements de l'administration. Le caractère inquisitorial de la procédure contentieuse est confié au juge administratif, lui qui a un rôle important dans la recherche des preuves chaque fois qu'il s'agit de mettre en cause la responsabilité de la puissance publique.

b. La faute présumée

Chaque fois que la faute est présumée, le requérant est dispensé d'établir la réalité. L'administration pourra se dégager de sa responsabilité si elle démontre qu'elle n'a commis aucune faute. C'est la différence cruciale par rapport à la responsabilité sans faute. La présomption de preuve aboutit, en quelque sorte, à inverser la charge de la preuve, puisque c'est l'administration défenderesse qui agit sur le terrain de la preuve. Sans prétendre faire un inventaire parfaitement exhaustif des hypothèses de faute d'application des mécanismes de la faute présumée :

- En matière des dommages de travaux publics, lorsqu'un dommage accidentel est causé aux usagers de

---

[63] LUTUMBA wa LUTUMBA, *Droit civil des obligations*, cours destiné aux étudiants de deuxième graduat Droit, UNIKIN, éd. C.C.D.A., 2016, p. 194.

l'ouvrage, ceux-ci n'ont qu'à établir l'existence d'un lien de causalité entre le dommage et l'ouvrage. L'accident est alors présumé découler d'un défaut d'entretien normal de l'ouvrage (par exemple, CAA Paris, 22 mars, 1994, « Navutu »).

- En matière sanitaire, il n'est également pas rare de voir le juge administratif appliquer les mécanismes de la faute présumée. C'est par exemple le cas des dommages causés par les vaccinations obligatoires, ou des dommages résultants de la contamination par un germe infectieux suite à une hospitalisation. D'autres décisions isolées militent en faveur de la présomption de la faute en matière administrative, qui provient d'un arrêt du Conseil d'Etat, « Hospices civils de Lyon », du 5 janvier 2000. Le Conseil d'Etat sanctionne un centre hospitalier pour n'avoir pas informé son patient des risques à encourir lors d'une intervention médicale et fait supporter à l'établissement public la charge de rapporter la preuve de l'information régulière du patient.

c. Le lien de causalité

La victime ne peut mettre en cause la responsabilité de l'administration que si elle établit que cette dernière est à l'origine du dommage. Prouver l'existence d'une faute (dans le régime de la responsabilité pour faute) ; ne suffit pas. Il faut encore qu'existe un lien de causalité entre cette faute et le dommage qui en résulte. Il appartient donc au juge d'apprécier du lien de causalité. Ce dernier exige un lien direct entre la faute et le dommage.

2. Les causes d'exonération de responsabilité de l'administration

Le lien de causalité entre la faute et le dommage peut se trouver par un certain nombre d'événements ou d'acteurs qui ont concouru à la réalisation du dommage. L'administration peut se prévaloir de ces facteurs pour tenter d'atténuer ou de faire disparaitre sa responsabilité. Ces causes de limitation ou d'exonération de responsabilité sont au nombre de quatre :

a. Le fait de la victime

La victime peut elle-même avoir concouru à la réalisation du dommage, soit partiellement (la responsabilité de l'administration sera diminuée à concurrence du rôle joué par la victime dans la survenue du dommage), soit totalement (administration ne pourra alors être déclarée responsable). On parle de fait de la victime chaque fois que le dommage est la conséquence du comportement de la victime. Par exemple lorsque celle-ci par son comportement s'est exposée à un risque particulier (pour un skieur hors-piste, CE, 11 avril 1975, « département de la Haut-Savoir »). Le fait de la victime peut également résulter d'un dommage de travaux publics.

b. La force majeure

La force majeure est une cause d'exonération, c'est-à-dire, qu'elle interdit de mettre en œuvre la responsabilité de l'administration. Cependant, ses conditions de mise en œuvre sont extrêmement sévères. En effet, la force majeure est un événement irrésistible, imprévisible, et extérieur. La force majeure est conditionnée à la réunion de ces trois éléments. Elle joue aussi bien dans le régime de la responsabilité pour faute que dans celui de la responsabilité sans faute. Elle est très rarement admise (voir pour un positif, CE, 27 juillet 1988, « Compagnie marseillaise de Madagascar »)[64].

---

[64] www.google.com, la force majeure, consulté le 09 avril 2017 à 22 heures justes.

c. Le cas fortuit

Le cas fortuit est étroitement lié à la force majeure. Le cas fortuit est irrésistible et imprévisible tout comme la force majeure, mais il n'est pas extérieur. On invoquera le cas fortuit lorsque l'origine du dommage est inconnue, ou interne, à la chose qui a provoqué le dommage.

d. Le fait du tiers

En dernier lieu, l'administration peut voir sa responsabilité dégagée par l'intervention d'un tiers dans la réalisation du dommage. Dans des cas complexes, le dommage peut résulter à la fois de l'administration, de la victime et d'un tiers. Le juge devra alors déterminer la responsabilité de chacun dans la réalisation du dommage.

Dans une affaire célèbre, des enfants sortants de l'école avaient été emportés par une rivière en crue. Le juge estimé que la commune était responsable (imprudence constitutive d'un fait de la victime), mais aussi le directeur de l'école (fait du tiers) pour faute dans la surveillance des enfants (CE, 14 mai 1986, « commune de Cilaos »).

§2. Les préjudices indemnisables

Le préjudice est constitué par l'ensemble des incidences dommageables sur la situation ou les intérêts de la victime. L'évaluation de ce préjudice servira à déterminer le moment de l'indemnisation due à la victime. Cependant, toutes ces incidences ne peuvent pas faire l'objet d'une indemnisation. Les préjudices (B) et il faut bien préciser les différents types de préjudices indemnisables (C).

1. Le caractère nécessaire du préjudice indemnisable

Pour faire l'objet d'une indemnisation, le préjudice doit présenter certains caractères. Dans le cadre de la responsabilité sans faute, nous avons vu que la victime devrait se plaindre d'un préjudice anormal et spécial, c'est-à-dire d'un préjudice particulièrement grave et ne concernant qu'un tout petit nombre de victimes, voire qu'une seule. De façon plus générale pour qu'un préjudice soit pris en compte, il doit avoir un caractère certain (a), il doit être direct (b) et personnel (c).

a. Un caractère réel et certain

Un préjudice présente un caractère réel et certain lorsque les conséquences des agissements de l'administration ont une incidence nuisible pour celui qui en réclame la réparation. Le juge contrôle donc la réalité du préjudice invoqué et refuse d'indemniser un préjudice futur ou seulement éventuel. En revanche, le juge administratif accepte dans certaines occasions d'indemniser une perte de chacun. Par exemple le candidat illégalement privé du droit de présenter un examen a subi une perte de chance de réussite (CE, 22 octobre 1986, « demoiselle Grellier »). Cette jurisprudence a récemment été appliquée en matière de responsabilité hospitalière, pour défaut d'information (CE, 5 janvier 2000, Consorts Telle).

b. Un préjudice direct

Le préjudice doit être direct ; seuls sont pris en considération par le juge, au moment de déterminer le montant de l'indemnisation, les préjudices directement liés à la faute. Par exemple, l'impossibilité d'exploiter un établissement, suite à un refus d'autorisation illégal, constitue bien un préjudice direct et certain.

c. Préjudice personnel

Le préjudice doit être personnel. Cela signifie que seule la victime immédiate peut en demander la réparation.

Toutefois, le juge admet la transmission du préjudice aux héritiers de la victime[65].

2. Les différents types de préjudices

Les préjudices indemnisables se regroupent en trois grandes catégories : le préjudice économique (1), le préjudice corporel (2) et enfin, le préjudice moral (3).

a. Le préjudice économique

Le préjugé économique est celui lié à l'atteinte aux biens. Il se traduit le plus souvent par une perte pécuniaire (perte de revenus suite à l'impossibilité d'exercer une activité). Mais il peut également résulter de la destruction d'un bien ou de l'impossibilité d'en jouir normalement. Le préjudice économique peut également découler d'un surcroit de dépenses. Les agissements de l'administration ont pu entrainer pour la victime des dépenses qu'elle n'aurait normalement pas eu à réaliser (par exemple, l'obligation pour la victime d'une erreur médicale d'avoir recours à une tierce personne).

b. Le préjudice corporel

Le préjudice corporel peut résulter des souffrances physiques engendrées par la faute de l'administration. Mais le préjudice corporel peut également résulter des troubles dans les conditions d'existences générées par les souffrances physiques (CE, 12 juin 1963, « Dame Féraud »). Les troubles dans les conditions d'existence englobant les modifications apportées au mode de vie du requérant. Par exemple, constitue un trouble dans les conditions d'existence de fait pour le père d'assurer seul l'éducation de son enfant après le décès de son épouse (CE, 9 décembre 1988, « Bazin ») ; ou

---

[65] www.wikipedia org. /wiki… les modalités de mise en œuvre de la responsabilité administrative, consulté le lundi, le 01 mai 2017 à 1h30.

le retard scolaire accumulé par un enfant hospitalisé suite à une erreur médicale…

Françoise Terre souligne que, le dommage corporel c'est avant tout l'atteinte portée à l'intégrité de la personne : les blessures plus ou moins graves et à plus forte raison la mort. Ces dommages appellent, bien entendu, l'indemnisation de la victime. Mieux vaut dire indemnisation que réparation, car on ne ressuscite pas les morts ; et il est malaisé c'est le moins qu'on puisse dire, de rendre à l'amputé son bras ou sa jambe.

Le dommage corporel, ainsi entendu, veut dire dommage matériel ou économique qu'il entraine le plus souvent à la suite [66]. Le droit à réparation pour dommage corporel, découle du principe que les corps humain est inviolable.[67]

c. Le préjudice moral

Sur cette question, il faut distinguer deux situations : tout d'abord, dans laquelle le préjudice consiste à rendre difficile, pénible et désagréable la vie en société, après avoir subi le dommage. C'est le cas pour un préjudice esthétique (CE, 11 juillet 1947, « Salgues »), une atteinte à l'honneur (par des propos diffamatoires, CE, 08 décembre 1948, « Brusteau »), ou une atteinte à la réputation (CAA Bordeaux, 27 décembre 1990, « Valiente »).

La seconde situation est celle dans laquelle le préjudice consiste à souffrir d'un profond chagrin, suite à la mort ou à la diminution d'un être cher par exemple.

A l'issue de la responsabilité administrative de l'Entité Territoriale Décentralisée, parlons à présent de la responsabilité civile de l'ETD.

---

[66] Français Torré, Philippe Simler, Yves Lequette, *Droit Civil des obligations*, 8ème édition, Paris, Dalloz, 2002, p. 687.

[67] Jean Carbonnier, *Droit civil des obligations*, Tome 4, 22ème édition refondue, PUF, Paris, 2000, p. 381.

Chapitre II
Responsabilité civile de l'entité territoriale décentralisée

Le concept « responsabilité » vient du mot latin « respondere » qui veut dire « répondre, promettre ou garantir, sponsor-répondant, caution ou garant, *sponsum* chose promise, sponsus, engagement ».

Le sponsor est celui en second échange de paroles, fait une seconde sponsion, il cautionne la dette principale d'autrui, dont il est tenu de répondre. Ainsi, il comprend le sens originel de respondere : se tenir garant, se porter caution. L'adjectif « responsalis » : celui qui répond pour une autre. Bref, le responsable est donc sponsor, celui qui se porte caution[68].

La responsabilité est définie comme une obligation de répondre d'un dommage devant la justice et d'en assumer les conséquences civiles, pénales et disciplinaires. C'est donc une obligation de réparer le dommage causé à autrui par un acte contraire à l'ordre juridique. Elle tente d'effacer les conséquences du fait perturbateur de ce désordre. Son auteur doit en répondre[69].

---

[68] G.VINEY, cité par J.C. MUBALAMA ZIBONA, « Le concept de la responsabilité. Regard du juriste et du philosophe », in *Revue scientifique de l'Université Laïque Adventiste de Kigali*, n°3, 2008, p. 150.

[69] P. LE TOURNEAU, et L. CADIET, *Droit de la responsabilité*, Paris, Librairie Eyrolles, Paris, 1999, p. 1.

Pour G. MARTON, l'expression « responsabilité » définit la situation où l'on se trouve lorsque, ayant manqué à un devoir, à une obligation prescrite par une norme quelconque, loi, coutume, précepte moral ou religieux... On se voit exposer aux conséquences fâcheuses que l'autorité appelée à veiller à l'observation de la norme, prévoit en cas de violation de cette norme....On est donc responsable lorsqu'on doit subir les conséquences du manquement à un devoir, une obligation[70].

Ce deuxième chapitre comporte trois sections à savoir la nature de responsabilité (délictuelle) (section première) avant de démontrer les modes de réparation (section deuxième) et nous allons présenter quelques critiques et suggestions (section troisième).

Section 1. Nature de responsabilité (délictuelle)

Cette responsabilité découle de l'application combinée de l'article 260 du CCCLIII. Et dans le vocabulaire juridique, la responsabilité est définie comme étant une obligation de répondre d'un dommage en justice et d'en assurer les conséquences pénales, civiles et disciplinaires[71]. Et selon HALMES G., l'on peut être responsable non seulement d'un fait dommageable, non seulement pour sa propre conduite, mais aussi pour le comportement ou acte des personnes dont on répond.

Le CCCLIII consacre le principe selon lequel celui qui cause à autrui un dommage est tenu de le réparer. Ce principe n'a pas toujours été appliqué par l'administration publique.

En effet, jusqu'en 1920, le principe retenu et appliqué par la jurisprudence était que l'Etat ne pouvait « être responsable

[70] P. LE TOURNEAU, *Droit de la responsabilité et des contrats*, Dalloz, Paris, 2000, p. 1.
[71] CORNU, G., *op. cit.*

du fait de ses fonctionnaires auxquels il délègue une partie de ses pouvoirs politiques et par lesquels, en tant qu'Etat souverain, il agissait dans l'intérêt supérieur et général ».

Par contre, en 1920 la Cour de Cassation Belge a renversé cette jurisprudence dans son arrêt du 05 novembre qui a consacré l'application des articles 1382 et suivants (équivalents des articles 258 et suivants du Code civil congolais Livre III) aux pouvoirs publics. Cet arrêt a consacré le principe selon lequel « l'Etat n'a pas d'autres pouvoirs que ceux que lui accordent la Constitution et les lois ».

Deux types de justifications sont à apporter pour expliquer ce principe : en premier lieu, on prend en compte l'ampleur des dommages causés par l'Administration qui s'augmentent sans cesse avec le développement de son action et la puissance de ses moyens, pour justifier l'abandon de son irresponsabilité et en second lieu, la responsabilité administrative et l'obligation de réparer sont, pour bon nombre d'auteurs, la conséquence du principe de l'égalité des citoyens devant les charges publiques.

Pour parler de la nature de la responsabilité dans le cadre de notre étude, il faut préciser que pour que l'Etat ou l'Entité Territoriale Décentralisée engage sa responsabilité, il faut qu'il y ait donc un dommage. D'où nous confirmons sans crainte d'être contredit que, pour qu'il y ait responsabilité civile, il faut la réunion de trois éléments : un dommage, une faute et un lien de causalité entre la faute et le dommage survenu[72]. Dans cette section nous allons traiter simplement la notion de la responsabilité civile (§1) et celle du dommage (§ 2).

---

[72] LUTUMBA wa LUTUMBA, *op. cit.*, p. 175.

§ 1. La responsabilité civile

La responsabilité civile est l'institution par laquelle une personne est tenue de réparer un dommage subi par une autre personne. Cette responsabilité peut être délictuelle ou contractuelle. Elle est délictuelle lorsqu'elle ne résulte pas de l'inexécution d'un contrat ; par exemple un piéton, victime d'un accident de circulation, réclamera à l'automobiliste ou à son assureur une indemnité délictuelle, conformément à l'article 258 CCCLIII, car manifestement cet accident ne se rattache pas à l'existence d'un contrat liant le piéton et l'automobiliste.

La responsabilité peut être aussi contractuelle, lorsque le dommage dont se plaint la victime résulte de l'inexécution d'un contrat (articles 44 et suivants du CCCLIII)[73].

La responsabilité civile étant réparatrice et non sanctionnatrice, l'on répond d'une personne, d'une chose ou d'un fait lorsqu'on est obligé de tenir indemne celui qui éprouve un dommage causé par cette personne, cette chose ou ce fait. Dans ce sens, on ne s'attache plus au fondement de l'institution, mais à son résultat[74]. La responsabilité civile envisagée dans le cadre de notre étude est une responsabilité civile extracontractuelle qui amène les personnes publiques à réparer les dommages qu'elles causent accidentellement par leurs services ou leurs biens, sans que les victimes aient à établir qu'une faute ait été commise. Il s'agit de la responsabilité dite objective ou responsabilité sans faute.

---

[73] B. STARCK, *Droit civil : obligations*, Paris, Librairies techniques, 1972, p. 12.

[74] *Idem*, p. 14.

§ 2. Le dommage

Il est de principe que, sans dommage, même s'il y a faute, il n'y aurait point de responsabilité[75]. Et que la responsabilité de droit commun est, comme nous avons dit, la responsabilité pour fait personnel. Ce sont les articles 258 et 259 du Code civil congolais livre III, qui constitue le siège de cette matière. Aux termes de l'article 258 : « Tout fait quelconque de l'homme qui cause à autrui un dommage, oblige celui par la faute duquel il est arrivé à le réparer ». De son côté, l'article 259 édicte que «Chacun est responsable du dommage qu'il a causé, non seulement par son fait, mais encore par sa négligence ou par son imprudence ». Il ressort de ces deux articles que trois conditions doivent être remplies pour que soit établie cette responsabilité civile :

- l'existence du dommage ou préjudice ;
- la preuve que ce dommage a été engendré par la faute de son auteur et
- l'établissement d'un lien de causalité entre le dommage subi et la faute invoquée.[76]

Dans la lumière de ces trois conditions, nous sommes amenés à accepter, sinon à croire que selon l'esprit cartésien, qui exige que pour qu'il y ait une action en responsabilité civile, il faut que ces trois conditions soient réunies. Mais comme le point sous examen ne traite que du dommage, cela démontre déjà que nous n'allons pas scruter toutes les conditions, c'est-à-dire la faute (qui a fait d'un développement du premier chapitre) ainsi que le lien causal. C'est ainsi qu'il sera développé ici le dommage comme étant

---

[75] V. KANGULUMBA MBAMBI, *Réparation des dommages causé par les troubles en Droit congolais, responsabilité des pouvoirs publics,* édition RDJA, Bruxelles, 2000, p.26.

[76] KALONGO MBIKAYI, *Droit civil des obligations*, Kinshasa, Editions Universitaires Africaines, 2007, p. 183.

la condition essentielle pour justifier la réparation par l'administration.

En effet, le dommage est défini comme étant toute atteinte aux droits garantis aux particuliers[77]. Il faut savoir que tous les dommages qui surgissent dans la vie en société ne donnent pas lieu à une réparation[78].

Le dommage peut être défini comme l'acte dommageable qui se traduit par la violation d'une règle juridique quelle qu'en soit l'origine que l'acte soit volontaire ou involontaire[79] pour donner lieu à une réparation, le dommage doit être certain (1) direct (2) , personnel (3) doit consister en la violation d'intérêt protégé.

1. Certitude

Pour qu'il soit réparé, le dommage doit être certain pour faciliter l'indemnisation. Dommage présent ou futur sont aussi réparés, s'ils répondent à un degré de certitude[80]. Ainsi ce dommage doit être direct (2).

2. Direct

Le dommage doit être une conséquence directe de l'accident dans la responsabilité délictuelle de l'inexécution du contrat dans la matière de la responsabilité contractuelle[81]. Ensuite, le dommage doit consister dans la violation d'intérêt protégé (3).

---

[77] Voy. KANGULUMBA MBAMBI, *op. cit.*, p. 43.
[78] F. TERRE et alii, *Droit civil des obligations*, 3ème édition, Campus Dalloz, Paris, 2002, p. 677.
[79] PH. TOURNEAU, *Responsabilité civile*, 3ème édition, Paris, 1982, p. 1.
[80] *Idem*
[81] B. STARCK, *Droit civil les obligations, responsabilité délictuelle*, 2ème édition, Litec, Paris, 1985, p. 5.

3. Violation d'un intérêt protégé

La formule selon laquelle la responsabilité suppose « non un dommage quelconque, mais l'atteinte à un intérêt légitime juridique protégé », elle donne au dommage la place qui lui revient dans les conditions essentielles de la responsabilité[82]. Dans cette perspective, soulignons que, le dommage doit avoir porté atteinte au droit protégé ou au droit subjectif. Lequel droit subjectif est la prérogative dont chaque individu dispose dans le cadre du droit objectif en qualité de sujet de droit[83].

Comme on peut le dire, cependant, l'efficacité de tout droit subjectif suppose une sanction éventuelle, un jugement condamnant le défendeur à fournir une prestation, une obligation valablement contractée, nécessite une exécution volontaire ou forcée selon le cas [84]. La question de l'exécution forcée soulève énormément des problèmes qui ne peuvent être abordés dans le cadre du présent travail.

4. Personnel

Ceci veut dire tout bonnement que, le dommage doit être subi par la victime elle-même et non par une tierce personne, sous peine de fin de non-recevoir. Le dommage ainsi perçu, appelle de son auteur, réparation. Voyons à présent les modes de réparation (section 2).

---

[82] MULUMBA KATCHY, *Introduction générale au droit privé*, édition RDJA, 1er Graduat droit, UNIKIN, 2012, inédit.

[83] *Idem*

[84] LUTUMBA wa LUTUMBA, *Exécution des décisions de justice en droit congolais : sécurité juridique et judiciaire*, DES, UNIKIN, Faculté de Droit, 2006, p. 1.

Section 2 Modes de réparation de préjudices

Lorsque les conditions de requérant pré rappelées sont réunies, les dommages donnent lieu à la réparation au moyen d'une action en justice.

Les modalités de réparation font l'objet des développements suivants : la réparation en nature (§1) et la réparation par équivalent (§2).

§1. La réparation en nature

Un auteur a montré avec pertinence qu'il est souhaitable de distinguer la réparation en nature de la suppression de la situation illicite[85].

- **La suppression de l'illicéité**

La règle d'or de la responsabilité civile n'est pas tant de la réparation du préjudice passé ou du préjudice futur virtuel, mais, plus fondamentalement, de mettre un terme aux actes contraires au droit. Ce qui consiste à supprimer la situation illicite. Il ne s'agit pas, à proprement parler, d'une réparation puisque la mesure n'opère pas sur la matière de préjudice, mais sur sa cause. Elle tend à sauvegarder, pour l'avenir, du droit ou de l'intérêt violé en supprimant l'état de fait de dommages et intérêts. Ainsi, qui souffre d'un inconvénient de voisinage sollicitera la réparation de son préjudice et l'exécution de mesure idoines destinées à mettre un terme à la situation dommageable.

De même, un tribunal ordonnera la suppression d'un écrit injurieux, diffamatoire ou portant atteinte à la vie, d'une enseigne ou d'un cachet commercial pris déplorablement au préjudice d'un concurrent, la radiation d'une marque nulle déposée avec le seul dessein de nuire à autrui, la démolition

---

[85] ROUJOU, cité par Philippe LE TOURNEAU, *La responsabilité civile*, 3ème édition, Dalloz, Paris, 1982, p. 329 et s.

d'un immeuble, piétant abusivement sur le terrain d'autrui en violation du code de l'urbanisme[86].

Toutefois, ces mesures connaissent des limites.

D'abord, l'activité dommageable doit être illicite d'une part, et d'autre part, eu égard à la séparation des pouvoirs, les tribunaux ne peuvent pas ordonner une telle suspension si le responsable peut justifier d'une autorisation administrative régulière. Ils ne peuvent pas non plus prescrire de telles mesures à l'Etat.

Avec ces limites, la distinction entre la réparation en nature et la suppression de la situation illicite n'est pas sans conséquence, alors que la réparation en nature est toujours facultative et laissée à l'appréciation des juges, la suppression de l'état de chose illicite est obligatoire pour les deux parties et pour le tribunal.

La victime ne peut refuser une indemnité. « Nul ne peut être contraint de demeurer dans l'illicéité ». C'est du reste une règle générale de notre Droit, qui explique que la nullité d'une convention illicite ou immorale apparait toujours comme subsidiaire par rapport au préjudice réalisé qui subsiste[87].

En pratique la jurisprudence ne distingue pas nettement la suppression de l'illicéité et la réparation en nature. La suppression de l'illicéité est perçue comme une réparation en nature. Cette confusion permet au juge de s'octroyer un pouvoir d'appréciation : alors qu'il devait ordonner la cessation de l'illicéité lorsqu'elle est constatée et ordonner la réparation en équivalence.

Cette attitude est nette en ce qui concerne les inconvénients de voisinage dans le cadre de constructeur de bonne ou de mauvaise foi ; en outre, dans le cadre de

---

[86] ROUJOU, p. 198 et s. cité par Philippe Le TOURNEAU, *op. cit.*, p. 45.

[87] Philippe Le TOURNEAU, *La responsabilité civile*, 3ème édition, Dalloz, Paris, 1982, p. 330.

l'empiétement (Cfr la loi du 20 juillet 1973 relative, au droit foncier, immobilier…), il est toujours possible d'obtenir en référé, les mesures conservatoires ou de remise en état qui s'imposent, soit pour prévenir un dommage imminent, soit pour faire cesser un trouble manifestement illicite. Il peut être fait allusion ici aux mesures conservatoires telles qu'édictées par l'Acte uniforme relatif aux procédures simplifiées de recouvrement et des voies d'exécution en droit OHADA.

§2. La réparation par équivalent

L'objectif de la responsabilité civile, selon une formule devenue classique en jurisprudence, est « de replacer la victime dans sa situation où elle serait si l'acte dommageable ne s'était pas produit ». Il est évident que la nature des choses rend le plus souvent illusoire cette « remise en l'état » à la fois parce que certains dommages sont irréversibles (qu'on songe au dommage corporel ou au dommage moral) et parce qu'il est souvent conjectural de savoir avec précision quelle serait la situation de la victime « si l'acte dommageable ne s'était pas produit ».

C'est un délicat équilibre que doit rechercher le juge entre deux excès : il doit éviter une réparation insuffisante qui n'indemniserait pas totalement la victime, mais aussi employée « si la réparation d'un dommage doit être intégrale, elle ne saurait en tout cas excéder le montant du préjudice » [88] . La réparation équivalente qui est plus fréquente consiste dans le paiement d'une somme d'argent : les dommages-intérêts délictuels[89].

L'expression « dommages-intérêts » n'est pas employée dans les articles 258 à 262, mais elle se trouve dans les articles 44 à 53 sous la rubrique « des dommages-intérêts

[88] Alain BENABENT, *Droit civil : les obligations*, 4ème édition Montchrestien, Paris, 1994, p. 343.
[89] *Idem*

résultant de l'inexécution de l'obligation[90]. Il ne faudrait pas en déduit que la matière des dommages-intérêts est spéciale au dommage résultant de la violation d'un contrat et étrangère au dommage causé en dehors d'un contrat (A), la destination des dommages-intérêts (B).

1. Dommages-intérêts compensatoires et moratoires

- **Une distinction**

Une distinction traditionnelle oppose, en matière contractuelle, les dommages-intérêts compensatoires aux dommages-intérêts.

- **Compensatoires,**

Il indemnise le créancier du préjudice né de l'inexécution définitive de l'obligation ; ils répareront montant du remplacement auquel un propriétaire de marchandises est obligé de procéder à un coût plus élevé.

- **Moratoires,**

Ils sont dus en cas de retard dans l'exécution du contrat et peuvent se cumuler avec l'exécution du contrat lui-même ou/et avec les dommages-intérêts compensatoires. Ils supposent en principe une mise en demeure préalable si le retard affecte l'exécution d'une obligation en nature, le créancier doit prouver un préjudice consécutif à l'inexécution par la mise en demeure qu'il doit adresser au débiteur pour le retard qui lui est imputable. Il n'y a pas de présomption de préjudice du seul fait du retard dans ce domaine[91].

C'est dans ce sens que sous RC 6803, le Tribunal de grande instance de Mbujimayi a condamné la province du

---

[90] Décret du 30 juillet 1888 portant Code civil congolais Livre III, de contrats et des obligations conventionnelles, art. 44 et 53.

[91] LUTUMBA wa LUTUMBA, *Questions spéciales des obligations*, 1ère licence, Droit, UNIKIN, éd. C.C.C.D.A., Kinshasa, 2015, pp. 58-60.

Kasaï-Oriental à payer au demandeur KABUENDE FULA BANTU au paiement de la somme de 4.527,95 dollars américains majorés des intérêts judiciaires de 8% l'an de retard[92].

Sous RC5521, le même tribunal a cordonné la République Démocratique du Congo prise en personne du gouverneur de la province du Kasaï-Oriental à allouer à chacun de demandeurs, la somme de l'équivalent en francs congolais de 10.000 dollars américains pour préjudice subi[93].

Il faut ici préciser qu'en espèce, la province fut condamnée aux frais, à payer à chacun de 12 demandeurs, la somme de 10.000 dollars américains ce qui ramène le montant à un total de 120.000 dollars américains. Cet argument illustre bien le débours combien important qui pèse sur le gouverneur de province en sa qualité de représentant du pouvoir central, mais sans budget conséquent.

2. Intérêts des dommages-intérêts

Nous ferons la différence, sur ce point de la créance délictuelle d'une part et créance contractuelle et légale de l'autre part.

Distinction

- **Créance délictuelle**

Dans la mesure où le jugement de condamnation est constitutif en matière, une créance délictuelle ne produit d'intérêt que du jour où elle est judiciairement constatée : ce n'est qu'à partir de ce moment que le créancier, titulaire d'une simple dette de valeur devient titulaire d'une obligation de somme d'argent « mais il sied de noter que » pour les juridictions pénales les règles sont différentes

[92] TGI-MBM, RC.6803, du 02/07/2012 en cause : KABUENDE FULA c/ Province du Kasai-Oriental, inédit.

[93] TGI-MBM, RC.5521 du 02/022010 en cause : KALONGO KAKA KABA c/ la RDC et consorts, inédit.

puisque, pour la chambre criminelle, la créance n'est productrice d'intérêt qu'à dater de la fixation définitive de l'indemnité.

Mais les risques de cette règle est atténuée par le fait que les intérêts alloués par le juge de fond pour la période intermédiaire, entre le prononcé du jugement et le moment où il devient définitif, sont nécessairement (et implicitement) compensatoires.

- **Créance contractuelle**

En revanche, en présence d'une obligation contractuelle inexécutée et compensée par une indemnité, les intérêts courants du jour de la mise en demeure ou de l'assignation.

Section 3. Critique et suggestions

Après une étude sur la responsabilité civile en cas des dommages causés aux administrés : cas de la Province du Kasaï Oriental, une critique sérieuse s'impose (§1), pour nous permettre d'asseoir nos hypothèses et faire propositions de lege ferenda (§2).

§1. Critiques

➢ Bien qu'effective, la décentralisation peine à être mise en application tel que souhaité par le législateur congolais. Tel est le cas par exemple de la mise en œuvre de la caisse nationale de péréquation. Et pourtant, de la volonté du Législateur, cette caisse nationale de péréquation aurait permis aux ETD de faire face aux différentes charges auxquelles elles sont appelées, notamment en ce qui concerne la réparation de dommage causés aux administrés. Il en est de même de la rétrocession qui, au lieu d'être retenue à la source comme le veut la constitution de la RDC telle que modifiée à ce jour à son article 175, est recueillie par le Pouvoir central et redistribuée à son propre gré, sans tenir compte des besoins réels des ETD.

- Au niveau des Entités Territoriales Décentralisées, le fait que les éléments n'aient pas été organisées au niveau autre que la province entraine l'absence de la prise en charge réelle de besoins des populations par les Autorités locales ;
- L'ignorance de la loi par les administrés.

§2. suggestions et propositions de *Lege Ferenda*

- La mise en œuvre effective de la caisse nationale de péréquation telle que prévue dans la loi et le renforcement de l'arsenal législatif y relatif pour cette mise en œuvre ;
- La mise en œuvre effective de la retenue de 40% telle que voulu par la Constitution ;
- L'organisation des élections des animateurs des ETD autres que la Province, en vue d'asseoir effectivement la décentralisation à la base, et permettre à celle-ci (la base) de faire face aux besoins locaux ;
- La vulgarisation par les pouvoirs publics des textes de loi et règlements relatifs aux droits garantis aux particuliers.

Conclusion

Le présent travail a consisté à travailler une réponse à la question de la réparation des dommages causés par la Province à ses administrés. Et pour ce faire, nous avons comme rayon d'action, la Province du Kasaï-Oriental.

Pour le mener à bien, nous avons recouru o la méthode juridique qui nous a permis de recenser les textes législatifs réglementaires régissant la matière. La méthode sociologique quant à elle nous a permis de confronter notre législation actuelle à la réalité sur terrain et d'en dégager les démarcations. La méthode comparative nous a aidé à consulter ce que prévoit le système juridique d'autres pays, notamment en ce qui concerne la réparation des dommages causés aux administrés par les Entité Territoriales Décentralisées.

Il s'est dégagé de ce travail que les dommages subis par les administrés sont de deux sortes : administratifs et civils. Ce qui implique que les ETD engagent une double responsabilité administrative et civile.

Bien que répondant pour leur existence aux conditions générales en manière de responsabilité à savoir le dommage, la faute et le lien de causalité, la réparation souhaitée répond quant à elle à des solutions différentes.

Dans le premier chapitre, nous avons traité de la responsabilité de l'ETD. Nous avons défini l'ETD elle-même, dégagé ses différentes caractéristiques et épinglé les différents dommages que peuvent subir ses administrés et les modes de leur réparation. L'annexe de ce travail est éloquent quant à ce.

Le deuxième chapitre a abordé la question relative à la responsabilité civile des ETD. Il s'agit également de la responsabilité délictuelle qui trouve son essence sur l'idée de la faute. Un bref aperçu historique pour paraphraser Mr H. GEORGES, nous a révélé que jusqu'en 1920, le Code civil Belge consacrait le principe selon lequel, celui qui cause un dommage à autrui est tenu de le réparer. Mais ce principe n'était pas applicable à l'Administration publique. En effet, la jurisprudence retenue et appliquée était que l'Etat ne pouvait être responsable du fait de ses fonctionnaires auxquels il déléguait une partie de ses pouvoirs politiques et par lesquels en tant qu'Etat souverain, il agissait dans un intérêt supérieur et général.

En 1920, la Cour de cassation Belge en versé cette jurisprudence dans un arrêt du 5 novembre qui a consacré l'application des articles 1382 et suivants (équivalents des articles 258 et suivants du CCCLIII) aux pouvoirs publics.

Cet arrêt a consacré donc le principe selon lequel l'Etat n'a pas d'autres pouvoirs que ceux que lui accordent la Constitution et les lois.

Depuis cette révolution les ETD engagent leur responsabilité civile autant que tout autre particulier sur base du principe de l'égalité des citoyens devant les charges publiques.

Ainsi, pour engager cette responsabilité, il faut la survenance d'un dommage, d'une faute et du lien de causalité entre la faute et le dommage survenu. La réparation quant à elle devra être soit en nature ou par équivalence.

De ce qui précède, nous avons dégagé en termes de critiques le fait que bon nombre de victimes de dommages causés par les ETD ne trouvent pas réparation suite à l'insuffisance de moyens mis à la disposition de ces dernières, et l'ignorance de la loi par les administrés.

Bibliographie

A. Textes constitutionnel et légaux

- Constitution de la République Démocratique du Congo du 18 février 2006 telle que modifiée et révisée par la loi n°11/002 janvier 2011, in *Journal officiel de la République Démocratique du Congo*, 52ème année, Kinshasa, 5 février 2011.
- Décret du 30 juin 1888 portant contrats ou obligations conventionnelles, n° spécial, B.O., n° spécial, 1888.
- Loi n°08/012 du 31 juillet 2008 portant principes fondamentaux relatifs à la libre administration des Provinces.
- Loi organique n°08/016 du 07 octobre 2008 portant composition, organisation et fonctionnement des Entités Territoriales Décentralisées et leurs rapports avec l'Etat et les Provinces, in *Journal officiel de la République Démocratique du Congo*, 49ème année, n° spécial, Kinshasa, 10 octobre 2008, colonnes 5-32.
- Loi n°16/013 du 15 juillet 2016 portant Statut des agents de carrière des services publics de l'Etat, in *Journal officiel de la République Démocratique du Congo*, 57ème année, n° spécial, Kinshasa, 3 août 2016.

B. DOCTRINE

1. Ouvrages

- BENABENT, A., *Droit civil : les obligations*, 4ème édition, Montchrestien, E.J., Paris, 1994.
- CARBONNIER, J., *Droit Civil des obligations*, Tome 4, 22ème édition refondue, PUF, Paris, 2000.
- CEREXHE, E., et alii, *Le phénomène institutionnel, juridictionnel et normatif*, Bruylant et Presse Universitaire de Namur (PUN), Bruxelles et Namur, 1977.
- CORNU, G., *Vocabulaire juridique*, 10ème édition, PUF, Paris, 1987.
- DE LAUBADERE, A., VENEZIA J.C. et GAUDEMENT, Y., *Droit administratif*, 16ème éd, L.G.D.J., Paris, 1994.
- DEBBASCH, C., *Science Administrative*, Dalloz, Paris, 1980.
- DEBURLET, J., *Précis de droit administratif congolais, T.I., principes généraux*, Ferdinand Larcier, Bruxelles, 1969.
- EMERI, C., *De la responsabilité de l'administration à l'égard de ses collaborateurs*, L.G.D.J., Paris, 1966.
- FLAMME, M.A., *Droit administratif*, Tome I, Bruylant, Bruxelles, 1989.
- FLOUR, V., AUBERT et SVAUT, *Les obligations, le fait juridique*, 9ème édition, Armand Colin, Bruxelles, 2001.
- HALMES, G., *Les droits aux Etats-Unis, une création permanente*, éd. CRD, Paris, 1976.
- KABANGE NTABALE, *Droit administratif*, Tome I, PUC, Kinshasa, 1997.
- KALONGO MBIKAYI, *Droit Civil, les obligations*, Tome I, 1re édition, Editions Universitaires Africaines, Kinshasa, 2012.
- KANGULUMBA MBAMBI, V., *Indemnisation des victimes des accidents de la circulation et assurance de*

responsabilité civile automobile : Etude de droit comparé belge et congolais, éd. Academia et Bruylant, 2000
- KANGULUMBA MBAMBI, V., *Réparation des dommages causés par les troubles en Droit congolais, responsabilité des pouvoirs publics*, édition R.D.J.A., Bruxelles, 2000.
- LUTUMBA wa LUTUMBA, *Droit civil des obligations*, cours destinés aux étudiants de deuxième graduat Droit, UNIKIN, éd. C.C.D.A., Kinshasa, 2016.
- LUTUMBA wa LUTUMBA, *Exécution des décisions de justice en droit congolais : sécurité juridique et judiciaire*, édition MES, UNIKIN, Fac. Droit, 2006.
- LUTUMBA wa LUTUMBA, *Procédures simplifiées de recouvrement et voies d'exécution en Droit OHADA*, C.C.C.D.A., Kinshasa, 2014.
- LUTUMBA wa LUTUMBA, *Questions spéciales des obligations*, 1ère Licence Droit, UNIKIN, éd. C.C.D.A, Kinshasa, 2015.
- MULUMBA KATCHY, *Introduction générale au droit privé*, 1èr graduat droit, UNIKIN, édition R.D.J.A., Bruxelles, 2012, inédit.
- MWANZO, E., *Guide pratique des méthodes, notes de références infrapaginales et bibliographiques ainsi que les autres règles dans un travail de fin d'étude en Droit*, Fac. Droit, UNIKIN, Kinshasa, 2013.
- PNUD, *Mandants, Rôles et Fonctions des pouvoirs constitués dans le nouveau système politique de la R.D.C.*, Manuel de formation, Kinshasa, 2007, inédit.
- R.D.C., Ministère de l'Intérieur, Sécurité, Décentralisation et Affaires Coutumières, *Guide à l'usage des autorités territoriales*, Kinshasa, mai 2013.
- RIVERO, J., et WALINE, J., *Droit administratif*, Dalloz, Paris, 2004.
- SHOMBA KINYAMBA, S., *Méthodologie de la recherche scientifique*, édition MES, Kinshasa, 2008

- STARCK, B., *Droit civil : obligations*, Editions Eyrolles, Paris, 1972.
- STARCK, B., *Droit civil, les obligations : responsabilité délictuelle*, 2ème éd., LITEC, Paris, 1985.
- TERRE, F., et alii, *Droit civil des obligations*, 3ème édition, Campus Dalloz, Paris, 2002.
- TERRE, F., Simler, P., Lexiquette, Y., *Droit Civil des obligations*, 8ème édition, Dalloz, Paris, 2002.
- TOURNEAU (LE), Ph., *Droit de la responsabilité et des contrats*, Dalloz, Paris, 2000.
- TOURNEAU (LE), Ph., et CADIET, L., *Droit de la responsabilité*, Dalloz, Paris, 1999.
- TOURNEAU (LE), Ph., *Responsabilité civile*, 3ème édition, Dalloz, Paris, 1982.
- YUMA BIABA, L., *Manuel de droit administratif général*, Ed. CEDI, Kinshasa, 2012.

2. Article de revue

- GOUR, V.C., « Faute de service », in *Répertoire de la responsabilité de la puissance publique* (RRPP), Paris, 1996.
- MUBALAMA ZIBONA, J.C., « Le concept de la responsabilité. Regard du juriste et du philosophe », in *Revue scientifique de l'Université Laïque Adventiste de Kigali*, n°3, 2008.
- VUNDUAWA PEMAKO, F., « La décentralisation territoriale des responsabilités au Zaïre, pourquoi et comment », in *Zaire-Afrique*, n°166, 1982.
- YAMBAYAMBA SHUKU, N., « Les Dynamiques de la Décentralisation en RDC », Gouv, consulté le 01 avril 2017 sur www.gli.com.

C. Jurisprudence

- TGI-MBM, RC.6803, du 02/07/2012. En cause : KABUENDE FULA c/ Province du Kasai-Oriental.

- TGI-MBM, RC.5521 du 02/022010 en cause : KALONGO KAKA KABA et crts c/ la RDC et crts.

D. Références sur Internet

- http://www.fr//wikipedia.org./wiki/de la responsabilité sans faute… consulté le mardi 18/04/2017 à 14h30'.
- http://Wikipédia.org./wiki/Droit de l'Administration publique, la Resp.adm.Pour faute, consulté vendredi le 07/04/2017 à 12h 30'.
- http://www.wikipedia.org./wiki/la faute administrative, lundi le 17 avril 2017 à 4h20.
- http://www.wikipédiaorg./wii/... Responsabilité …samedi, 08/04/2017 à 18h45.
- http://www.google.com, la force majeure, consulté le 09 avril 2017 à 22h00.
- http://www.wikipedia.org. /wiki… les modalités de mise en œuvre de la responsabilité administrative, lundi, consulté le 01 mai 2017 à 1h30.

Annexes

Loi organique n°08/016 du 07 octobre 2008 portant composition, organisation et fonctionnement des Entités Territoriales Décentralisées et leurs rapports avec l'Etat et les Provinces

EXPOSE DES MOTIFS

Le constituant du 18 février 2006 a opté pour la décentralisation comme mode de gestion de certaines entités territoriales de la République.

Après les avoir énumérées à l'article 3, il pose les principes de leur libre administration et de l'autonomie de gestion de leurs ressources humaines, économiques, financières et techniques. Il annonce l'élaboration d'une loi organique devant fixer les règles relatives à leur composition, organisation et fonctionnement ainsi que leur rapport avec l'Etat et les provinces.

La présente loi organique s'inscrit dans ce contexte.

Cependant, elle n'épuise pas le vaste champ de la décentralisation qui comporte une série d'autres lois devant régir des matières particulières. Tel est notamment le cas des lois fixant les limites des provinces ainsi que celles de la ville de Kinshasa, de celle portant subdivision territoriale à l'intérieur des provinces ou encore celle relative aux modalités d'organisation et de fonctionnement de la Conférence des Gouverneurs de province.

Elle s'articule autour de 6 titres :

Le Titre I est consacré aux dispositions générales. Il reprend les dispositions constitutionnelles relatives à la subdivision territoriale et administrative de la République Démocratique du Congo.

Le Titre II porte sur l'organisation et le fonctionnement d'une entité territoriale décentralisée.

Le Titre III fixe les règles régissant les rapports d'une entité territoriale décentralisée avec l'Etat et la province.

Le Titre IV est relatif aux ressources financières d'une entité territoriale décentralisée.

Le Titre V est consacré au statut judiciaire des autorités des entités territoriales décentralisées.

Le Titre VI traite des dispositions transitoires et finales.

Cette structuration met en relief les éléments suivants :

1. Une répartition judicieuse des compétences entre les différentes entités territoriales décentralisées afin de leur assurer un développement harmonieux.
2. La libre administration d'une entité territoriale décentralisée dans la mesure où elle décide librement dans la sphère des compétences qui lui sont conférées sans immixtion de l'autorité provinciale, sauf dans des cas limitativement énumérés par la loi.
3. Le principe de la représentation en même temps de l'Etat et de la Province par les autorités exécutives des entités territoriales décentralisées :
   Ainsi, les mêmes autorités exécutives locales assurent également la coordination et le suivi des services de l'Etat et de la Province dans leurs entités respectives.
   Aussi, l'exercice des compétences déconcentrées de l'Etat se fait-il sous l'autorité du Gouverneur qui peut déléguer ses pouvoirs à l'Administrateur de territoire.
4. L'autonomie financière qui permet à une entité territoriale décentralisée de disposer d'un budget propre, distinct de ceux du pouvoir central et de la province. Ce budget est toutefois intégré en dépenses et en recettes au budget de la province qui est présenté en même temps que le budget du pouvoir central pour former le budget de l'Etat arrêté chaque année par une loi.
5. Le droit des entités territoriales décentralisées à 40% des recettes à caractère national allouées à la province ainsi que la possibilité de bénéficier des ressources de la caisse nationale de péréquation.

Une entité territoriale décentralisée dispose des ressources exceptionnelles. Il lui est toutefois interdit de recourir aux emprunts extérieurs.

L'autorité exécutive d'une entité territoriale décentralisée est placée sous la tutelle du Gouverneur de province. Il s'agit d'un contrôle a priori ou a posteriori sur les actes.

Pour leur garantir le libre exercice des compétences que leur reconnaissent la Constitution et les lois, il est apparu nécessaire de conférer aux membres des organes délibérants d'une entité territoriale décentralisée des immunités de poursuites dans les limites des dispositions de l'article 107 de la Constitution.

Par ailleurs, la loi institue un privilège de juridiction au bénéfice de toutes les autorités d'une entité territoriale décentralisée. En matière pénale, elles sont selon le cas, justiciables de la Cour d'Appel ou du Tribunal de grande instance en premier ressort.

Les autorités exécutives locales représentent le pouvoir central dans leurs juridictions respectives. Elles exécutent les lois, édits et règlements nationaux ou provinciaux et assurent le maintien de l'ordre public avec notamment des forces de la police nationale mises à leur disposition.

Telle est l'économie générale de la présente loi organique.

LOI

L'Assemblée nationale et le Sénat ont adopté ;

Le Président de la République promulgue la loi dont la teneur suit :

TITRE 1er : DES DISPOSITIONS GENERALES

Article 1er :

La présente loi fixe la composition, l'organisation et le fonctionnement des entités territoriales décentralisées ainsi que leurs rapports avec l'Etat et les provinces, conformément à l'article 3 alinéa 4 de la Constitution.

Article 2 :

La République Démocratique du Congo est, dans ses frontières du 30 juin 1960, un Etat de droit, indépendant, souverain, uni et indivisible, social, démocratique et laïc.

Article 3 :

La République Démocratique du Congo est composée de la ville de Kinshasa et de 25 provinces dotées de la personnalité juridique.

Ces provinces sont : Bas-Uele, Equateur, HautLomami, Haut-Katanga, Haut-Uele, Ituri, Kasaï, Kasaï Central, Kasaï Oriental, Kongo Central, Kwango, Kwilu, Lomami, Lualaba, Maï-Ndombe, Maniema, Mongala, Nord-Kivu, Nord-Ubangi, Sankuru, Sud-Kivu, SudUbangi, Tanganyika, Tshopo et Tshuapa.

Kinshasa est la capitale du pays et le siège des institutions nationales.

Elle a le statut de province. La capitale ne peut être transférée dans un autre lieu du pays que par voie de référendum.

Article 4 :

La province est subdivisée en villes et territoires. Sont subdivisés, à l'intérieur de la province :

1. la ville en communes ;
2. la commune en quartiers et/ou en groupements incorporés ;
3. le territoire en communes, secteurs et/ou chefferies ;
4. le secteur ou chefferie en groupements ;
5. le groupement en villages.

Article 5 :

Le territoire, le quartier, le groupement et le village sont des entités territoriales déconcentrées dépourvues de la personnalité juridique.

La ville, la commune, le secteur et la chefferie sont des entités territoriales décentralisées dotées de la personnalité juridique.

Elles jouissent de la libre administration et de l'autonomie de gestion de leurs ressources humaines, économiques, financières et techniques.

TITRE II : DES ENTITES TERRITORIALES DECENTRALISEES

Chapitre 1er : De la Ville

Section 1re : De la définition

Article 6 :

Aux termes de la présente loi, il faut entendre par ville :

1. tout chef-lieu de province ;
2. toute agglomération d'au moins 100.000 habitants disposant des équipements collectifs et des infrastructures économiques et sociales à laquelle un décret du premier ministre aura conféré le statut de ville.

Le décret est pris sur proposition du ministre de la 1 République ayant les affaires intérieures dans ses attributions après avis conforme de l'Assemblée provinciale.

Section 2 : Des organes

Article 7 :
Les organes de la ville sont :

1. le Conseil urbain ;
2. le Collège exécutif urbain.

Sous-section 1ère : Du Conseil urbain

Article 8 :
Le Conseil urbain est l'organe délibérant de la ville. Ses membres sont appelés conseillers urbains.
Ils sont élus dans les conditions fixées par la loi électorale.

Article 9 :
Le mandat de Conseiller urbain commence à la validation des pouvoirs par le Conseil urbain et se termine à l'installation du nouveau Conseil.
Sous réserve des dispositions particulières prévues par la loi électorale et la présente loi, les dispositions de l'article 110 de la Constitution s'appliquent, mutatis mutandis, au mandat de Conseiller urbain.

Article 10 :
Le Conseiller urbain a droit à une indemnité équitable qui lui assure indépendance et dignité.

Paragraphe 1er : Des attributions

Article 11 :

Le Conseil urbain délibère sur les matières d'intérêt urbain, notamment :

1. son Règlement intérieur ;
2. la construction et l'aménagement de la voirie située dans l'agglomération urbaine ;
3. la construction et l'aménagement des collecteurs de drainage et d'égouts urbains ;
4. l'éclairage urbain ;
5. la délivrance d'autorisation d'exploitation d'un service d'autobus et de taxis ; l'autorisation de stationnement sur la voie publique ; la fixation et l'approbation des tarifs ainsi que la perception des redevances y relatives.
6. le plan d'aménagement de la ville ;
7. les actes de disposition d'un bien du domaine privé de la ville et les actes de désaffectation d'un bien du domaine public de la ville ;
8. l'aménagement, l'entretien et la gestion des marchés d'intérêt urbain ;
9. la construction, l'aménagement, l'entretien et la gestion des parcs publics, des complexes sportifs et des aires de jeux ; la construction et l'entretien des bâtiments publics appartenant à la ville ; j'organisation des décharges publiques et du service de collecte des déchets, du traitement des ordures ménagères
10. l'organisation et la gestion d'un service anti-incendie ;
11. l'organisation et la gestion des pompes funèbres et des cimetières ;
12. l'organisation et la gestion d'un service d'hygiène ; la construction, l'entretien et la gestion des morgues ; le programme d'assainissement ; la promotion de la lutte contre le VIH/SIDA et les maladies endémiques ;
13. la police des spectacles et manifestations publiques ;
14. la construction et l'exploitation des microcentrales pour la distribution d'énergie électrique ; l'aménagement des sources et forages de puits d'eau ;
15. la construction et la gestion des musées ; la création et la gestion des sites historiques et des monuments d'intérêt urbain ;

16. l'initiative de la création des écoles primaires, secondaires, professionnelles et spéciales, conformément aux normes établies par l'Etat ;
17. la construction, la réhabilitation, l'équipement et l'entretien des bâtiments scolaires appartenant à l'Etat dans le ressort de la ville ;
18. la création et la gestion des centres sociaux et des maisons pour les personnes du troisième âge ; l'assistance aux personnes vulnérables ;
19. la création et la gestion des centres culturels et des bibliothèques.

Article 12 :

Le Conseil urbain élit le Maire et le Maire - adjoint dans les conditions fixées par la loi électorale.

Il approuve le programme élaboré par le Collège exécutif urbain.

Il adopte le projet de budget de la ville.

Il donne, lorsqu'il en est requis, avis sur toute matière intéressant la ville.

Il statue par voie de décision.

Dans les huit jours francs de son adoption, la décision est transmise au Gouverneur de province qui dispose d'un délai de quinze jours pour faire connaître son avis. Passé ce délai, l'avis favorable est réputé acquis.

En cas d'avis défavorable, celui-ci est motivé. Dans ce cas, la décision est renvoyée au Conseil urbain pour une seconde délibération.

La décision soumise à une seconde délibération est adoptée, soit sous sa forme initiale, soit après modification des dispositions concernées à la majorité absolue des membres du Conseil urbain.

Les décisions sont publiées au Bulletin officiel de la province par les soins du Gouverneur.

Le Ministre de la République ayant les affaires intérieures dans ses attributions en est informé.

A défaut de publication dans le délai sus décrit, la publication est de droit.

Article 13 :

Le Conseil urbain prend des règlements d'administration et de police. Ces règlements ne peuvent être contraires aux dispositions légales ou réglementaires édictées par l'autorité supérieure.

Le Conseil sanctionne les règlements de police de peines ne dépassant pas sept jours d'emprisonnement et 25.000 Francs congolais d'amende ou d'une de ces peines seulement.

Paragraphe 2 : Du fonctionnement

Article 14 :

Le Règlement intérieur du Conseil urbain détermine notamment :

1. la durée du mandat et les règles de fonctionnement du Bureau, les pouvoirs et prérogatives de ses membres ;
2. le nombre, la désignation, la composition et la compétence de ses commissions permanentes ainsi que la création et le fonctionnement des commissions spéciales ;
3. le régime disciplinaire des conseillers urbains ;
4. les différents modes de vote ;
5. l'organisation des services administratifs.

Article 15 :

Avant sa mise en application, le Règlement intérieur du Conseil urbain est transmis par le Président du Bureau provisoire à la Cour administrative d'appel qui se prononce sur sa conformité aux dispositions de la présente loi dans un délai de quinze jours.

Passé ce délai, le Règlement intérieur est réputé conforme.

Les dispositions déclarées non conformes ne peuvent être mises en application.

Article 16 :

Le Conseil urbain se réunit de plein droit en session extraordinaire au plus tard le quinzième jour suivant la proclamation des résultats de l'élection des conseillers urbains par la Commission électorale nationale indépendante en vue de :

1. l'installation du Bureau provisoire, dans les conditions fixées par la loi électorale, dirigé par le doyen d'âge assisté de deux conseillers urbains les moins âgés ;
2. la validation des pouvoirs, dans les conditions déterminées par la loi électorale ;
3. l'élaboration et l'adoption du Règlement intérieur ;
4. l'élection et l'installation du Bureau définitif.

La séance d'ouverture est présidée par le cadre le plus gradé de l'Administration du Conseil urbain.

La session extraordinaire prend fin dès que l'ordre du jour est épuisé.

Article 17 :

Le Conseil urbain ne siège valablement qu'à la majorité absolue de ses membres.

Ses décisions sont prises à la majorité absolue des membres présents.

Les séances du Conseil urbain sont publiques, sauf si le huis clos est prononcé.

Elles sont obligatoirement publiques lorsque les délibérations portent sur le budget, les taxes, les emprunts et les comptes.

Article 18 :

Les membres du Collège exécutif urbain ont accès aux travaux du Conseil urbain ainsi qu'à ceux de ses commissions.

S'ils en sont requis, les membres du Collège exécutif urbain ont l'obligation d'assister aux séances du Conseil urbain, d'y prendre la parole et de fournir toutes les explications qui leur sont demandées sur leurs activités.

Le Conseil urbain peut inviter toute personne dont elle estime la présence utile à ses travaux.

Dans les deux cas, ces personnes n'ont pas voix délibérative.

Article 19 :

Les conseillers urbains et les membres du Collège exécutif urbain ne peuvent assister aux délibérations sur les matières dans lesquelles ils ont un intérêt personnel.

Article 20 :

Le Conseil urbain est dirigé par un Bureau composé d'un Président, d'un Vice-président, d'un Rapporteur et d'un Questeur.

Les membres du Bureau sont élus dans les conditions fixées par le Règlement intérieur en tenant compte, le cas échéant, de la représentation de la femme.

Article 21 :

Le Président du Conseil urbain assure la police des débats.

Les procès-verbaux des délibérations sont publiés dans les annales du Conseil urbain.

Article 22 :

Le Conseil urbain est habilité à recevoir la démission du Maire ou du Maire-adjoint et à la transmettre sans délai au Gouverneur de province. Celui-ci en prend acte.

Le Gouverneur en informe sans délai la Commission électorale nationale indépendante et le Ministre de la République ayant les affaires intérieures dans ses attributions.

La Commission électorale nationale indépendante organise une nouvelle élection conformément à la loi électorale.

Article 23 :

Le Conseil urbain se réunit en session ordinaire une fois par trimestre suivant les modalités fixées par son Règlement intérieur.

La durée d'une session ordinaire ne peut dépasser trente jours.

Le Conseil urbain tient une session budgétaire dans les délais compatibles avec le calendrier d'élaboration du budget de la Province.

Article 24 :

Le Conseil urbain peut se réunir en session extraordinaire à l'initiative de son Bureau ou de la moitié au moins de ses membres ou encore à la demande du Collège exécutif urbain.

Les débats de la session extraordinaire ne portent que sur les matières figurant dans l'acte de convocation.

La session extraordinaire est close dès que l'ordre du jour est épuisé.

Toutefois, sa durée ne peut dépasser quinze jours.

Article 25 :

Le Gouverneur de province et le Maire de la ville peuvent proposer l'inscription d'une question à l'ordre du jour du Conseil urbain.

Article 26 :

Le mandat de Conseiller urbain est incompatible avec les fonctions ou mandats suivants :

1. membre du Gouvernement central ou provincial ;
2. membre du Collège exécutif des entités territoriales décentralisées ;
3. membre des forces armées, de la police nationale et des services de sécurité ;
4. magistrat ;
5. agent de carrière des services publics de l'Etat ou de la province ;
6. cadre administratif de la territoriale à l'exception des chefs de chefferie ou de groupement ;
7. mandataire public actif ;
8. membre des cabinets du Président de la République, du Premier ministre, du Président de l'Assemblée nationale, du Président du Sénat, du Président de l'Assemblée provinciale, du Gouverneur, du Ministre, du Maire, du Bourgmestre, du Chef de secteur et du Chef de chefferie ;
9. tout autre mandat électif.

Article 27 :

Le Conseil urbain est dissout de plein droit en cas de crise institutionnelle persistante.

Il y a crise institutionnelle persistante lorsque six mois durant, le Conseil urbain :

1. n'arrive pas à dégager une majorité ;
2. ne peut se réunir faute de quorum.

Dans ce cas, le Président de l'Assemblée provinciale constate la dissolution de plein droit et en fait rapport au Ministre de la République ayant les affaires intérieures dans ses attributions.

Le Gouverneur de province en est informé.

Le Ministre de la République ayant les affaires intérieures dans ses attributions en prend acte.

La Commission électorale nationale indépendante convoque, conformément à la 101 électorale, de nouvelles élections.

Sous-section 2 : Du Collège exécutif urbain

Article 28 :

Le Collège exécutif urbain est l'organe de gestion de la Ville et d'exécution des décisions du Conseil urbain.

Article 29 :

Le Collège exécutif urbain est composé du Maire, du Maire-adjoint et de trois Echevins urbains.

Article 30 :

Le Maire et le Maire-adjoint sont élus au sein ou en dehors du Conseil urbain dans les conditions fixées par la loi électorale.

Ils sont investis par le Ministre de la République ayant les affaires intérieures dans ses attributions dans les quinze jours de la proclamation des résultats. Passé ce délai, l'investiture est acquise de droit.

Article 31 :

Les Echevins urbains sont désignés par le Maire au sein ou en dehors du Conseil urbain en tenant compte des critères de compétence, de crédibilité et de représentativité communautaire.

Cette désignation est soumise à l'approbation du Conseil.

Article 32 :

Les fonctions de Maire ou de Maire - adjoint prennent fin par décès, démission, empêchement définitif ou incapacité permanente.

Une condamnation irrévocable à une peine de servitude pénale principale pour infraction intentionnelle entraîne la démission d'office.

Article 33 :

En cas de décès, démission, empêchement définitif, incapacité permanente ou condamnation irrévocable du Maire, le Collège exécutif urbain est réputé démissionnaire.

Dans ce cas, il expédie les affaires courantes sous la conduite du Maire-adjoint.

Un nouveau scrutin est organisé par la Commission électorale nationale indépendante conformément à la loi électorale.

Article 34 :

En cas de décès, démission, empêchement définitif, incapacité permanente ou de condamnation irrévocable du Maire-adjoint, son remplacement est pourvu conformément à la loi électorale.

Article 35 :

En cas d'absence ou d'empêchement du Maire, l'intérim est assumé par le Maire-adjoint.

En cas d'absence ou d'empêchement du Maire et du Maire-adjoint, l'intérim du Maire est assuré par les Echevins urbains selon leur préséance.

En cas d'absence ou d'empêchement d'un Echevin urbain, la suppléance est organisée par le Maire.

Article 36 :

Le Maire peut, après décision du Collège exécutif urbain, engager la responsabilité du Collège exécutif sur son programme, sur une déclaration de politique générale ou sur le vote d'un texte.

Le Conseil urbain met en cause la responsabilité du Collège exécutif ou d'un de ses membres par le vote d'une motion de censure ou de défiance.

La motion de censure contre le Collège exécutif n'est recevable que si elle est signée par un quart des membres du Conseil. La motion de défiance contre un membre du Collège exécutif n'est recevable que si elle est signée par un dixième au moins des membres du Conseil.

Le débat et le vote ne peuvent avoir lieu que quarante-huit heures après le dépôt de la motion. Seuls sont recensés les votes favorables à la motion de censure ou à la motion de défiance qui ne peut être adoptée qu'à la majorité absolue des membres composant le Conseil urbain. Si la motion de censure ou de défiance est rejetée, ses signataires ne peuvent en proposer une nouvelle au cours de la même session.

Le programme, la déclaration de politique générale ou le texte visé à l'alinéa 1 er est considéré comme adopté sauf si une motion de censure est votée dans les conditions prévues aux alinéas 2 et 3 du présent article.

Article 37 :

Lorsque la motion de censure est adoptée, le Collège exécutif urbain est réputé démissionnaire. Il en est de même de la motion de défiance à l'encontre du Maire. Dans ce cas, celui-ci remet la démission du Collège exécutif urbain au Gouverneur de province.

La Commission électorale nationale indépendante procède à l'organisation de nouvelles élections conformément à la loi électorale.

Article 38 :

Il ne peut être présenté de motion de censure avant douze mois après l'élection du Collège exécutif urbain.

Paragraphe 1er : Des attributions du Collège exécutif urbain

Article 39 :

Sans préjudice d'autres attributions qui lui sont conférées par des textes particuliers, le Collège exécutif urbain :

1. exécute les lois, les édits, les règlements et les décisions de l'autorité supérieure ainsi que les décisions du Conseil urbain ;
2. assure l'accomplissement des tâches d'intérêt général dans le ressort de la ville.

Il est également chargé de :

a) instruire les affaires à soumettre au Conseil urbain ;

b) préparer et proposer au Conseil urbain le projet de budget de la ville, le projet des crédits supplémentaires et de virement des crédits ;

c) soumettre au Conseil urbain le projet de reddition des comptes de la ville ;

d) diriger les services de la ville ;

e) gérer les revenus de la ville, ordonner les dépenses et contrôler la comptabilité ;

f) administrer les établissements de la ville :

g) désigner, sur avis conforme du Conseil urbain, les mandataires de la ville dans les entreprises publiques de la ville et dans les sociétés d'économie mixte dans lesquelles la ville a des participations ;

h) diriger les travaux à exécuter aux frais de la ville ;

i) administrer les propriétés de la ville et conserver ses droits ;

j) exécuter le plan d'aménagement de la ville ;

k) proposer au Conseil urbain le programme d'action du développement économique, social, culturel et environnemental.

Article 40 :

En cas d'urgence, et lorsque le Conseil urbain n'est pas en session, le Collège exécutif urbain prend des règlements de police et les sanctionne de peines ne dépassant pas sept jours de servitude pénale principale et 25.000 Francs congolais d'amende ou d'une de ces peines seulement.

Le Maire communique immédiatement ces règlements au Conseil urbain en motivant l'urgence. Ces règlements cessent d'avoir effet s'ils ne sont pas entérinés par le Conseil urbain à sa prochaine session.

Le Gouverneur de province et le Ministre de la République ayant les affaires intérieures dans ses attributions en reçoivent ampliation.

Les règlements sont publiés au Bulletin officiel de la province.

Paragraphe 2 : Des attributions du Maire

Article 41 :

Le Maire est l'autorité de la ville. Il est le chef du Collège exécutif urbain. A ce titre :

1. il assure la responsabilité de la bonne marche de l'administration de sa juridiction :
2. il est officier de police judiciaire à compétence générale ;

3. il est officier de l'état civil ;
4. il est l'ordonnateur principal du budget de la ville ;
5. il représente la ville en justice et vis-à-vis des tiers.

Article 42 :

Indépendamment des attributions ci-dessus et de celles qui peuvent lui être conférées par des dispositions particulières, le Maire :

1. veille à l'exécution des lois, des édits, des règlements et des décisions de l'autorité supérieure ainsi que du Conseil urbain ;
2. veille au maintien de l'ordre public dans la ville. lA. cette fin, il dispose des unités de la Police nationale y affectées ;
3. assure l'accomplissement des tâches d'intérêt urbain ;
4. informe le Gouverneur de province de tout événement important survenu dans la ville et le prévient de tout différend de nature à y troubler l'ordre public. Le Ministre de la République ayant les affaires intérieures dans ses attributions en est informé.

Article 43 :

Le Maire statue par voie d'arrêté urbain.

Article 44 :

Le Maire-adjoint assiste le Maire dans l'exercice de ses fonctions. Il s'occupe, sous l'autorité de celui-ci, des tâches spécifiques qui lui sont confiées par l'arrêté portant organisation et fonctionnement du collège exécutif urbain.

Article 45 :

Les Echevins exécutent les tâches qui leur sont confiées par l'arrêté portant organisation et fonctionnement du Collège exécutif urbain.

La répartition des tâches entre les Echevins porte notamment sur le secteur de la bonne gouvernance, de la promotion de l'économie, de la croissance, de l'accès aux services sociaux de base, de la lutte contre le VIH/SIDA et autres endémies, des infrastructures de base et de l'appui à la dynamique communautaire.

Chapitre II : De la Commune

Section 1ère : De la définition

Article 46 :
Aux termes de la présente loi, il faut entendre par commune :

1. tout chef-lieu de territoire ;
2. toute subdivision de la ville ou toute agglomération ayant une population d'au moins 20.000 habitants à laquelle un décret du Premier ministre aura conféré le statut de commune.

Ce décret est pris sur proposition du Ministre de la République ayant les affaires intérieures dans ses attributions, après avis conforme de l'Assemblée provinciale.

La commune est subdivisée en quartiers et/ou en groupements incorporés.

Toutefois, les chefs-lieux de secteur ou de chefferie ne peuvent être érigés en commune.

Section 2 : Des organes

Article 47 :
Les organes de la commune sont :

- le Conseil communal ;
- le Collège exécutif communal.

Sous-section 1ère : Du Conseil Communal

Article 48 :
Le Conseil communal est l'organe délibérant de la commune.
Ses membres sont appelés Conseillers communaux.
Ils sont élus dans les conditions fixées par la loi électorale.

Article 49 :
Les dispositions des articles 9 et 10 de la présente loi relatives au Conseil urbain s'appliquent mutatis mutandis au Conseil communal.

Paragraphe 1 er : Des attributions du Conseil communal

Article 50 :

Le Conseil communal délibère sur les matières d'intérêt communal notamment :

1. son Règlement intérieur ;
2. l'entretien des voies, l'aménagement,
3. l'organisation et la gestion des parkings ;
4. l'entretien des collecteurs de drainage et d'égouts ;
5. l'éclairage public communal ;
6. les mesures de police relatives à la commodité de passage sur les voies communales et sur les routes d'intérêt général ;
7. le plan d'aménagement de la commune ;
8. les actes de disposition des biens du domaine privé de la commune ;
9. l'aménagement, entretien et gestion des marchés publics d'intérêt communal ;
10. la construction, l'aménagement, l'entretien et la gestion des parcs publics, des complexes sportifs et des aires de jeux ; la construction et l'entretien des bâtiments publics appartenant à la commune ; l'organisation des décharges publiques et du service de collecte des déchets ; la construction, l'aménagement et la gestion des salles de spectacles ;
11. l'organisation et la gestion d'un service de secours et des premiers soins aux populations de la commune ;
12. l'organisation et la gestion d'un service d'hygiène ; le programme d'assainissement ; la campagne de vaccination de la population, la promotion de la lutte contre le VIH/SIDA et les maladies endémiques ;
13. la police des spectacles et des manifestations publiques ;
14. l'initiative de création des crèches, des écoles maternelles, primaires, secondaires, professionnelles et spéciales, conformément aux normes établies par le pouvoir central ;
15. la construction, la réhabilitation des bâtiments des crèches et écoles maternelles de l'entité, l'organisation des crèches et écoles maternelles, la mise en place des structures et l'exécution des programmes d'alphabétisation des adultes ;

16. la création et la gestion des centres culturels et des bibliothèques ;
17. la mise en place des structures et des projets d'intérêts communaux entre la commune et les communes voisines ;
18. la Fonction publique locale ; l'organisation des services communaux conformément à la loi, la création et l'organisation des services publics, des établissements publics communaux dans le respect de la législation nationale ;
19. l'adoption du projet du budget des recettes et des dépenses, l'adoption des comptes annuels, l'approbation ou le rejet des libéralités, les dons et legs octroyés à la commune, le contrôle de la gestion des ressources financières, l'approbation du programme ainsi que le contrôle de l'exécution dudit programme, les emprunts intérieurs pour les besoins communaux ;
20. le partenariat entre la commune, le secteur privé et les organisations non gouvernementales ;
21. les modalités de mise en œuvre des impôts, taxes et droits communaux conformément à la loi ;
22. l'autorisation de la participation de la commune aux capitaux des sociétés exerçant des activités d'intérêt communal ;
23. l'autorisation de participation de la commune dans l'association avec une ou plusieurs autres communes limitrophes en vue de coopérer à la solution de divers problèmes d'intérêt commun ;
24. la planification et la programmation du développement de la commune.

Article 51 :

Les dispositions de l'article 12 de la présente loi s'appliquent mutatis mutandis au Conseil communal.

Article 52 :

Le Conseil communal prend des règlements d'administration et de police. Ces règlements ne peuvent être contraires aux dispositions légales ou réglementaires édictées par l'autorité supérieure.

Le Conseil peut sanctionner les règlements de police de peines ne dépassant pas sept jours de servitude pénale principale et 15.000 Francs congolais d'amende ou d'une de ces peines seulement.

Paragraphe 2 : Du fonctionnement du Conseil communal

Article 53 :

Les dispositions des articles 14 à 27 de la présente loi relatives au fonctionnement du Conseil urbain s'appliquent, mutatis mutandis, au Conseil communal.

Sous-section 2 : Du Collège exécutif communal

Article 54 :

Le Collège exécutif communal est l'organe de gestion de la commune et d'exécution des décisions du Conseil communal.

Article 55 :

Le Collège exécutif communal est composé du Bourgmestre, du Bourgmestre - adjoint et de deux autres membres appelés Echevins communaux.

Article 56 :

Le Bourgmestre et le Bourgmestre - adjoint sont élus au sein ou en dehors' du Conseil communal dans les conditions fixées par la loi électorale.

Ils sont investis par arrêté du Gouverneur de province dans les quinze jours de la proclamation des résultats.

Article 57 :

Les Echevins communaux sont désignés par le Bourgmestre au sein ou en dehors du Conseil communal en tenant compte des critères de compétence, de crédibilité et de représentativité communautaire.

Cette désignation est soumise à l'approbation de ce dernier.

Article 58 :

Les dispositions des articles 32 à 38 et 40 de la présente loi s'appliquent, mutatis mutandis, au Collège exécutif communal.

Paragraphe 1er : Des attributions du Collège exécutif communal

Article 59 :

Sans préjudice d'autres attributions qui lui sont dévolues par des textes particuliers, le Collège exécutif communal assure l'accomplissement des tâches d'intérêt communal notamment :

1. exécuter les lois, les édits, les règlements et les décisions de l'autorité supérieure ainsi que les décisions du Conseil communal ;
2. préparer et proposer au Conseil communal le projet du budget de la commune, le projet des crédits supplémentaires et de virement des crédits ;
3. élaborer, présenter et exécuter le programme de développement économique, social, culturel et environnemental de la commune ;
4. exécuter la tranche du programme de développement de la ville assignée à la commune ;
5. soumettre au Conseil communal les comptes annuels des recettes et des dépenses ;
6. publier ou notifier les décisions du Conseil communal ;
7. diriger les services de la commune ;
8. gérer les revenus de la commune, ordonner les dépenses et veiller à la bonne tenue de la comptabilité ;
9. administrer les établissements de la commune ;
10. diriger les travaux à exécuter aux frais de la commune ;
11. gérer le patrimoine de la commune et conserver ses droits ;
12. exécuter le plan d'aménagement de la commune ;
13. mandater, sur avis conforme du Conseil communal, les personnes appelées à représenter les intérêts de la commune dans les sociétés où la commune a pris des participations ;
14. mandater, sur avis conforme du conseil communal, les personnes appelées à représenter la commune dans les associations dont la commune est membre ;
15. recevoir les rapports des représentants de la commune dans les sociétés et associations

Paragraphe 2 : Des attributions du Bourgmestre

Article 60 :

Le Bourgmestre est l'autorité de la commune. Il est le Chef du Collège exécutif communal.

A ce titre :

1. il assure la responsabilité de la bonne marche de l'administration de sa juridiction ;
2. il est officier de police judiciaire à compétence générale ;
3. il est officier de l'état civil ;
4. il est ordonnateur principal du budget de la commune ;
5. il représente la commune en justice et vis-à-vis des tiers ;
6. il exécute et fait exécuter les lois, les édits et les règlements nationaux et provinciaux ainsi que les décisions et les règlements urbains et communaux ;
7. il assure le maintien de l'ordre public dans sa juridiction.

A cette fin, il dispose des unités de la Police nationale y affectées.

Article 61 :

En cas d'urgence, et lorsque le Conseil communal n'est pas en session, le Bourgmestre peut, le Collège exécutif communal entendu, prendre des règlements d'administration et de police et en sanctionner les violations par des peines ne dépassant pas sept jours de servitude pénale principale et de 5.000 Francs Congolais d'amende ou d'une de ces peines seulement.

Dans ce cas, les dispositions de l'article 40, alinéas 2, 3 et 4 de la présente loi sont applicables.

Article 62 :

Le Bourgmestre statue par voie d'arrêté communal après délibération du Collège exécutif.

Article 63 :

Les dispositions des articles 44 et 45 de la présente loi s'appliquent, mutatis mutandis, au Collège exécutif communal.

Article 64 :
L'Administration communale est constituée des services publics propres à la commune sous la direction du Bourgmestre ainsi que des services publics du pouvoir central y affectés.

Chapitre III : Du secteur et de la chefferie

Section 1ère : De la définition

Article 65 :
Le secteur ou la chefferie est une subdivision du Territoire.

Article 66 :
Le secteur est un ensemble généralement hétérogène de communautés traditionnelles indépendantes, organisées sur base de la coutume. Il a à sa tête un Chef élu et investi par les pouvoirs publics.

Il est administré conformément aux dispositions de la présente loi. Toutefois, les groupements coutumiers qui le composent, conservent leur organisation coutumière dans les limites et conditions prévues par la présente loi et la loi portant statut des chefs coutumiers.

Article 67 :
La chefferie est un ensemble généralement homogène de communautés traditionnelles organisées sur base de la coutume et ayant à sa tête un Chef désigné par la coutume, reconnu et investi par les pouvoirs publics.

Elle est administrée conformément aux dispositions de la présente loi et à la coutume pour autant que celle-ci ne soit contraire ni aux lois, ni aux édits, ni à l'ordre public et aux bonnes mœurs.

Article 68 :
Les limites du secteur ou de la chefferie sont fixées par décret du Premier ministre pris sur proposition du Ministre de la République ayant les affaires intérieures dans ses attributions, après avis conforme de l'Assemblée provinciale.

Section 2: Des organes du secteur ou de chefferie

Article 69 :

Les organes du secteur ou de chefferie sont :

- le Conseil de secteur ou de chefferie ;
- le Collège exécutif de secteur ou de chefferie.

Sous-section 1ère : Du Conseil du secteur ou de chefferie

Article 70 :

Le Conseil de secteur ou de chefferie est l'organe délibérant du secteur ou de la chefferie.

Ses membres sont appelés conseillers de secteur ou de chefferie.

Ils sont élus au suffrage universel direct et secret dans les conditions fixées par la loi électorale.

Article 71 :

Le Conseiller de secteur ou de chefferie a droit à une indemnité équitable qui lui assure indépendance et dignité.

Article 72 :

Les dispositions de l'article 12, alinéas 2 et suivants de la présente loi sont applicables, mutatis mutandis, au Conseil de secteur ou de chefferie.

Paragraphe 1 er : Des attributions du Conseil de secteur ou de chefferie

Article 73 :

Le Conseil de secteur ou de chefferie délibère sur les matières d'intérêt local, notamment :

1. son Règlement intérieur ;
2. la construction, l'aménagement et l'entretien des voies d'intérêt local ; l'organisation des péages au profit de l'entité conformément à la législation nationale ; l'aménagement, l'organisation et la gestion des parkings de l'entité ; l'organisation du service de canton nage ;

3. les mesures de police relatives à la commodité de passage sur les voies d'intérêt local et sur les routes d'intérêt général ;
4. la police des spectacles et manifestations publiques ;
5. l'organisation et la gestion d'un service d'hygiène de l'entité ;
6. le programme d'assainissement ; la campagne de vaccination de la population et la promotion de la lutte contre le VIH/SIDA et les maladies endémiques ;
7. la construction et l'entretien des bâtiments publics du secteur ou de la chefferie, des complexes sportifs et des aires de jeux de l'entité ; l'organisation des décharges publiques et du service de collecte et le traitement des déchets de l'entité, la construction, l'aménagement et la gestion des salles de spectacles de l'entité ;
8. la construction et l'exploitation des microcentrales pour la distribution d'énergie électrique ; l'installation des panneaux solaires ; l'aménagement des sources et les forages de puits d'eau pour la distribution ;
9. l'initiative de création des crèches, des écoles maternelles, primaires, secondaires, professionnelles et spéciales, conformément aux normes établies par le pouvoir central ;
10. la construction, la réhabilitation des bâtiments des crèches et écoles maternelles, la mise en place des structures et l'exécution des programmes d'alphabétisation des adultes ;
11. la création et la gestion des centres sociaux, l'assistance aux personnes vulnérables et la protection des personnes de troisième âge dans le ressort de l'entité ;
12. la création et la supervision des centres commerciaux et postes d'achat des produits agricoles ;
13. l'organisation des campagnes agricoles, la promotion de l'élevage et de la pêche ;
14. la création et la gestion des sites historiques d'intérêt local, l'organisation du tourisme dans le ressort de l'entité ;
15. la création et la gestion des centres culturels et 'des bibliothèques ;
16. l'organisation, la gestion des cimetières de l'entité et l'organisation des pompes funèbres.

Article 74 :

Le Conseil de secteur élit le Chef de secteur et le Chef de secteur adjoint dans les conditions fixées par la loi électorale.

Le Chef de chefferie est désigné selon la coutume. Il est secondé par trois Echevins de chefferie.

Article 75 :

Les dispositions de l'article 52 de la présente loi s'appliquent, mutatis mutandis, au Conseil de secteur ou de chefferie.

Paragraphe 2 : Du fonctionnement du Conseil de secteur ou de chefferie

Article 76 :

Le Conseil de secteur ou de chefferie est dirigé par un Bureau composé d'un Président, d'un Vice-président et d'un Rapporteur.

Les membres du Bureau sont élus dans les conditions fixées par le Règlement intérieur du Conseil de secteur ou de chefferie, en tenant compte, le cas échéant, de la représentation de la femme.

Article 77 :

Sans préjudice d'autres dispositions de la présente loi, les dispositions des articles 14, 16 à 19, 21 et 23 à 27 de la présente loi relatives au fonctionnement du Conseil urbain s'appliquent, mutatis mutandis, au Conseil de secteur ou de chefferie.

Sous-section 2 : Du Collège Exécutif du Secteur ou de Chefferie

Article 78 :

Le Collège exécutif du secteur ou de chefferie est l'organe de gestion du secteur ou de chefferie et d'exécution des décisions de son conseil.

Article 79 :

Le Collège exécutif du secteur est composé du Chef de secteur, du Chef de secteur adjoint et de deux Echevins désignés par le Chef de secteur.

Le Collège exécutif de chefferie est composé du Chef de chefferie désigné selon la coutume et de trois Echevins désignés par le Chef de chefferie.

La désignation des Echevins tient compte des critères de compétence, de crédibilité et de représentativité communautaire et est soumise à l'approbation du Conseil de secteur ou de chefferie.

Article 80 :

Le Chef de secteur et le Chef de secteur adjoint sont élus au sein ou en dehors du Conseil de secteur dans les conditions fixées par la loi électorale.

Le Gouverneur de province investit par arrêté le Chef de" secteur et son adjoint, dans les quinze jours de leur élection. Passé ce délai, l'investiture est de droit.

Il investit également par arrêté le Chef de chefferie désigné selon la coutume locale dans le respect de la loi sur le statut des Chefs coutumiers.

Article 81 :

Les dispositions des articles 31 à 38 de la présente loi relatives au Collège exécutif urbain s'appliquent mutatis mutandis au Collège exécutif de secteur ou de chefferie, sous réserve des dispositions propres à la coutume pour le Chef de chefferie.

Article 82 :

Le Chef de chefferie ne répond pas de ses actes devant le Conseil de chefferie. Aucun de ses actes ne peut produire d'effet s'il n'est contresigné par un Echevin qui, par cela, s'en rend seul responsable devant le Conseil de chefferie.

Article 83 :

En cas de décès, démission, empêchement définitif, incapacité permanente ou condamnation irrévocable du Chef de chefferie pour un fait portant atteinte à l'honneur ou à la dignité, les trois Echevins expédient collégialement les affaires courantes en attendant la désignation du nouveau Chef.

En cas d'absence ou d'empêchement provisoire, son intérim est assumé par l'Echevin préséant.

Paragraphe 1er : Des attributions du Collège exécutif de secteur ou de chefferie.

Article 84 :

Sans préjudice d'autres attributions qui peuvent lui être conférées par des textes particuliers, le Collège exécutif du secteur ou de la chefferie :

1. assure :
   a) l'encadrement des populations en vue de la réalisation du programme agricole et économique de l'entité ;
   b) l'exécution des tâches d'intérêt général lorsqu'il en est requis spécialement par l'autorité supérieure ou lorsque l'urgence s'impose ;
2. veille à :
   a) l'amélioration de l'habitat ;
   b) la sauvegarde du patrimoine et, spécialement :
   a. l'entretien du réseau routier ;
   b. la gestion du domaine ;
   c. la protection :
   1°. de la flore ;
   2°. de la faune ;
   3°. des ouvrages d'art et des sites classés ;
   4°. des eaux, des cours d'eau et des rives ;
   5°. élabore le projet de budget.

Paragraphe 2 : Des attributions du Chef de secteur ou de chefferie

Article 85 :

Le Chef de secteur est l'autorité du secteur.

A ce titre :

1. il assure la responsabilité de la bonne marche de l'Administration de sa juridiction ;
2. il est officier de police judiciaire à compétence générale ;
3. il est officier de l'état civil ;
4. il est ordonnateur principal du budget du secteur ;
5. il représente le secteur en justice et vis-à-vis des tiers ;
6. il exécute les lois, les édits, les règlements nationaux et provinciaux, les décisions et les règlements du secteur ;

7. il assure le maintien de l'ordre public dans sa juridiction. A cette fin, il dispose des unités de police nationale y affectées.

En sus des attributions ci-dessus et de celles qui peuvent être reconnues au Chef de secteur par des textes particuliers, ce dernier supervise la collecte de l'impôt personnel minimum et veille à la bonne tenue des registres de l'état civil.

Article 86 :

Le Chef de chefferie est l'autorité de chefferie.

Il exerce l'autorité coutumière et définit les orientations relatives à la bonne marche de sa juridiction.

Il est officier de police judiciaire à compétence générale.

Il est officier de l'état civil.

Il représente la chefferie en justice et vis-à-vis des tiers ;

Le premier Echevin assure la responsabilité du bon fonctionnement de l'Administration.

Il est responsable devant le Conseil.

Il est officier de police judiciaire à compétence générale et de l'état civil par délégation.

Il exécute les lois, les édits, les règlements nationaux et provinciaux, les décisions et les règlements de la chefferie.

Il assure le maintien de l'ordre public dans. sa juridiction. A cette fin, il dispose des unités de la Police nationale y affectées.

En sus des attributions ci-dessus et de celles qui peuvent être reconnues au Chef de chefferie par des textes particuliers, ce dernier supervise la collecte de l'impôt personnel minimum et veille à la bonne tenue des registres de l'état civil.

Article 87 :

Sans préjudice des attributions qui lui sont dévolues par la présente loi et les autres lois particulières, le Chef de secteur ou le Chef de chefferie est le Chef du Collège exécutif du secteur ou de chefferie.

Article 88 :

En cas d'urgence, le Chef de secteur ou de chefferie peut, le Collège exécutif de secteur ou de chefferie entendu, prendre des règlements d'administration et de police et en sanctionner les violations par des peines ne dépassant pas sept jours de servitude pénale principale et 2.500 Francs congolais d'amende ou par l'une de ces peines seulement.

Il les communique immédiatement en indiquant les raisons de l'urgence au Conseil de secteur ou de chefferie. Ces règlements cessent d'avoir effet s'ils ne sont pas entérinés par le Conseil de secteur ou de' chefferie a sa prochaine session.

Le Gouverneur de province et le Ministre ayant les affaires intérieures dans ses attributions en reçoivent ampliation.

Ils sont publiés au Bulletin officiel de la province.

Article 89 :

Le Chef de secteur ou le Chef de chefferie statue par voie d'arrêté de secteur ou de chefferie après délibération du Collège exécutif de secteur ou de chefferie.

Article 90 :

Le Chef de secteur adjoint assiste le Chef de secteur dans l'exercice de ses fonctions et assume son intérim en cas d'absence ou d'empêchement.

II s'occupe, sous l'autorité du Chef de secteur, des taches spécifiques lui confiées par l'arrêté portant organisation et fonctionnement du Collège exécutif du secteur.

Article 91 :

Les Echevins de secteur exécutent les tâches leur confiées par le Chef de secteur conformément à l'arrêté du Chef de secteur portant organisation et fonctionnement du Collège exécutif de secteur.

La répartition des tâches porte notamment sur les secteurs de bonne gouvernance locale, de la promotion de l'économie, de la lutte contre le VIH/SIDA et autres maladies endémiques et de la croissance ainsi que de la promotion de la fourniture des services et infrastructures socioculturelles de base.

Article 92 :

L'Administration du secteur ou de la chefferie est constituée de services publics locaux du secteur ou de la chefferie sous la direction du Chef de secteur ou du Chef de la chefferie ainsi que de services publics du pouvoir central et du pouvoir provincial affectés dans le secteur ou la chefferie.

TITRE III : DES RAPPORTS DES ENTITES TERRITORIALES DECENTRALISEES AVEC L'ETAT ET LES PROVINCES

Chapitre 1er : De la représentation de l'Etat et de la Province

Article 93 :

Le Maire, le Bourgmestre, le Chef de secteur et le Chef de chefferie sont des autorités exécutives locales et représentent l'Etat et la province dans leurs juridictions respectives.

Ils assument, à ce titre, la responsabilité du bon fonctionnement des services de l'Etat et des services provinciaux dans leurs entités et assurent la bonne marche de leurs administrations respectives sous réserve des dispositions des articles 82 et 86 de la présente loi.

Article 94 :

Le Maire, le Bourgmestre, le Chef de secteur ou le Chef de chefferie coordonnent et supervisent, dans leurs entités respectives, les services qui relèvent de l'autorité du pouvoir central ou de la province.

Chapitre II : De la tutelle sur les actes des entités territoriales décentralisées

Article 95 :

Le Gouverneur de province exerce, dans les conditions prescrites dans la présente loi, la tutelle sur les actes des entités territoriales décentralisées.

Il peut déléguer cette compétence à l'Administrateur du territoire.

Article 96 :

La tutelle sur les actes des entités territoriales décentralisées s'exerce par un contrôle a priori et un contrôle a posteriori.

Article 97 :

Les actes suivants sont soumis à un contrôle a priori :

1. l'élaboration de l'avant-projet de budget afin de valider la compatibilité avec les hypothèses macroéconomiques retenues dans les prévisions du budget national, les projections de recettes et la prise en compte des dépenses obligatoires ;
2. la création des taxes et l'émission d'emprunt conformément à la loi sur la nomenclature des taxes et la loi financière ;
3. la création d'entreprises industrielles et commerciales, la prise de participation dans les entreprises ;
4. la signature de contrat comportant des engagements financiers sous différentes formes de prises de participation ;
5. les règlements de police assortis de peine de servitude pénale principale ;
6. l'exécution des travaux sur les dépenses d'investissement du budget de l'Etat comme maître d'ouvrage délégué ;
7. les actes et les actions pouvant entraîner des relations structurées avec les Etats étrangers, les entités territoriales des Etats étrangers, quelle qu'en soit la forme ;
8. la décision de recours à la procédure de gré à gré, par dérogation aux règles de seuil et de volume des marchés normalement soumis aux 'procédures d'appel d'offres, dans le respect de la loi portant Code des marchés publics.

Tous les autres actes sont soumis à un contrôle *a postiori*.

Article 98 :

Les actes soumis au contrôle a priori sont transmis au Gouverneur de province avant d'être soumis à délibération ou à exécution.

L'autorité de tutelle dispose de vingt jours à compter de la réception du projet d'acte concerné pour faire connaître ses avis. Passé ce délai, le projet d'acte est soumis à délibération ou à exécution.

Article 99 :

La décision négative de l'autorité de tutelle est motivée. Elle est susceptible de recours administratif et/ou juridictionnel.

Article 100 :

Le silence de l'autorité de tutelle endéans trente jours constitue une décision implicite de rejet.

Dans ce cas, l'entité territoriale décentralisée peut former un recours devant la Cour administrative d'appel de son ressort.

Article 101 :

Le Gouverneur de province organise au moins une fois l'an, une réunion avec les Chefs des exécutifs des entités territoriales décentralisées en vue de leur permettre de se concerter et d'harmoniser leurs points de vue sur les matières relevant de leurs attributions.

Article 102 :

En plus de la tutelle, le Gouverneur de province appuie les entités territoriales décentralisées dans la mise en œuvre de leurs compétences décentralisées, en disposant des services techniques ci-après :

1. la planification et l'élaboration des projets ;
2. les travaux publics et le développement rural ;
3. l'agriculture, la pêche et l'élevage ;
4. la santé ;
5. l'éducation ;
6. l'environnement et les nouvelles sources d'énergie ;
7. les finances et le budget ;
8. les services démographiques et les statistiques de la population.

Article 103 :

Pour l'exécution des travaux d'intérêt local, l'autorité locale peut réquisitionner, conformément à la loi, les services des organismes de l'Etat ou de la province installés dans son ressort.

TITRE IV : DES RESSOURCES FINANCIERES

Article 104 :

Les finances d'une entité territoriale décentralisée sont distinctes de celles de la province.

Article 105 :

Les ressources financières d'une entité territoriale décentralisée comprennent les ressources propres, les ressources provenant des recettes à caractère national allouées aux provinces, les ressources de la Caisse nationale de péréquation ainsi que les ressources exceptionnelles.

L'entité territoriale décentralisée établit les mécanismes propres de leur recouvrement.

Article 106 :

Le budget d'une entité territoriale décentralisée est intégré en recettes et en dépenses, dans le budget de la province, conformément aux dispositions de la loi financière.

Article 107 :

Les comptes d'une entité territoriale décentralisée sont soumis au contrôle de l'Inspection générale des finances et de la Cour des comptes.

Chapitre 1er : Des ressources propres

Article 108 :

Les ressources propres d'une entité territoriale décentralisée comprennent l'impôt personnel minimum, les recettes de participation, les taxes et droits locaux.

Article 109 :

L'impôt est établi et recouvré conformément à la loi.

L'impôt personnel minimum est perçu au profit exclusif des communes, des secteurs ou des chefferies.

Article 110 :

Les recettes de participation de chaque entité territoriale décentralisée comprennent les bénéfices ou les revenus de leur participation en capital dans les entreprises publiques, les sociétés d'économie mixte et les associations momentanées à but économique.

Article 111 :

Les taxes et droits locaux comprennent notamment les taxes d'intérêt commun, les taxes spécifiques à chaque entité territoriale décentralisée et les recettes administratives rattachées aux actes générateurs dont la décision relève de celle-ci.

Article 112 :

Les taxes d'intérêt commun sont constituées de la taxe spéciale de circulation routière, de la taxe annuelle relative à la délivrance de la patente, les diverses taxes de consommation sur la bière et le tabac, la taxe de superficie sur les concessions forestières, la taxe sur la superficie des concessions minières, la taxe sur les ventes des matières précieuses de production artisanale et toutes autres taxes instituées par le pouvoir central et revenant en tout ou en partie à l'entité territoriale décentralisée en vertu de la loi.

La clé de répartition du produit des taxes d'intérêt commun entre les entités territoriales décentralisées est fixée par la législation qui institue lesdites taxes, après avis de la Conférence des gouverneurs de province.

Article 113 :

Les taxes spécifiques à chaque entité territoriale décentralisée sont des taxes prélevées sur les matières locales non imposées par le pouvoir central.

Elles sont soit rémunératoires soit fiscales conformément à la législation sur la nomenclature des taxes et droits provinciaux et locaux.

Les règles de perception des taxes spécifiques sont fixées, après avis de la Conférence des gouverneurs de province, par la loi fixant la nomenclature des recettes locales.

Article 114 :

Une entité territoriale décentralisée perçoit les recettes administratives rattachées aux actes générateurs dont la décision relève de sa compétence.

Chapitre 2 : Des ressources provenant des recettes à caractère national

Article 115 :

Les entités territoriales décentralisées ont droit à 40% de la part des recettes à caractère national allouées aux provinces.

Article 116 :

La répartition des ressources entre les entités territoriales décentralisées est fonction des critères de capacité de production, de la superficie et de la population.

L'édit en détermine le mécanisme de répartition.

Chapitre 3 : Des ressources de la Caisse nationale de péréquation

Article 117 :

Une entité territoriale décentralisée peut bénéficier des ressources provenant de la Caisse nationale de péréquation prévues à l'article 181 de la Constitution.

Chapitre 4 : Des ressources exceptionnelles

Article 118 :

Sous réserve des dispositions de l'article 96 de la présente loi, une entité territoriale décentralisée peut recourir aux emprunts intérieurs pour financer ses investissements.

Article 119 :

Une entité territoriale décentralisée peut bénéficier des dons et legs dans les conditions définies par la loi.

Leur valeur est inscrite en recette au budget de l'exercice de leur acceptation.

TITRE V : DU STATUT JUDICIAIRE DES AUTORITES DES ENTITES TERRITORIALES DECENTRALISEES

Article 120 :

Aucun Conseiller urbain, communal, de secteur ou de chefferie ne peut être poursuivi, recherché, arrêté, détenu ou jugé en raison des opinions ou votes émis par lui dans l'exercice de ses fonctions.

Il ne peut, en cours de sessions, être poursuivi ou arrêté, sauf en cas de flagrant délit, qu'avec l'autorisation du Conseil dont il relève.

En dehors de session, il ne peut être arrêté qu'avec l'autorisation du Bureau du Conseil, sauf en cas de flagrant délit, de poursuites autorisées ou de condamnation définitive.

La détention ou la poursuite d'un conseiller est suspendu si le Conseil dont il est membre le requiert. La suspension ne peut excéder la durée de la session en cours.

Article 121 :

Le Maire, le Maire adjoint et le Président du Conseil urbain sont, en matière pénale, justiciables de la Cour d'appel.

Le Conseiller urbain, le Bourgmestre, le Chef de secteur, le Chef de chefferie, et leurs adjoints ainsi que les conseillers communaux, de secteur et de chefferie sont, en matière pénale, justiciables du Tribunal de Grande Instance.

TITRE VI : DES DISPOSITIONS TRANSITOIRES ET FINALES

Chapitre 1er : Des dispositions transitoires

Article 122 :

Les villes existant à l'entrée en vigueur de la présente loi conservent leur statut.

Article 123 :

Les chefs-lieux des territoires deviennent des villes ou des communes selon qu'ils remplissent ou non les conditions prévues à l'article 6 de la présente loi.

Article 124 :
En attendant la mise en service du Bulletin officiel de la province, la publication des actes et règlements est valablement accomplie par voie d'affichage, de diffusion par les médias et par internet.

Article 125 :
En attendant la promulgation de la loi fixant l'organisation et le fonctionnement de l'Administration publique, l'administration d'une entité territoriale décentralisée est constituée des agents et organismes publics mis à sa disposition par le pouvoir central.

Chapitre 2 : Des dispositions finales

Article 126 :
En attendant l'organisation des élections urbaines, communales et locales par la Commission électorale nationale indépendante instituée par la Constitution, les autorités des différentes entités territoriales décentralisées actuellement en poste sont gérées conformément aux dispositions du Décret-loi n°082 du 02 juillet 1998 portant statut des autorités chargées de l'administration des circonscriptions territoriales.

Article 127 :
Toutes les dispositions antérieures contraires à la présente loi sont abrogées.

Article 128 :
La présente loi entre en vigueur trente jours après sa publication au Journal officiel.

Fait à Kinshasa, le 07 octobre 2008
Joseph KABILA KABANGE

Table des matières

RÉPUBLIQUE DÉMOCRATIQUE DU CONGO AUX ÉDITIONS L'HARMATTAN

Dernières parutions

DROIT DES RESSOURCES NATURELLES
Éléments d'élaboration, d'analyse et d'évaluation des lois
Mukendi Mukendi Ntantamika
Préface de Maître Emery Mukendi Wafwana
Cet ouvrage tente de répondre à la problématique induite par la quête scientifique et politique d'un meilleur système d'appropriation des ressources naturelles, d'un meilleur dispositif de contrôle d'accès à leurs gisements et de redistribution des revenus de leur exploitation. C'est par la construction d'archétypes de régimes juridiques déduits des critères institutionnels, écologiques, sociaux et économiques du principe de développement durable que ce livre procède.
(Coll. Harmattan RDC, 612 p., 49 euros)
ISBN : 978-2-343-15169-4, EAN EBOOK : 9782140122569

LES PROCÉDURES DE CONTRÔLE A POSTERIORI EN RD CONGO
Mise en oeuvre de contrôles douaniers et accisiens modernes et efficaces
Alain Tenday Lupumba
Préface d'Albert Yuma Mulimbi - Postface de Gabriel Mwepu Numbi
"Les objectifs de cet ouvrage sont de sensibiliser les professionnels et les autres acteurs du commerce international aux spécificités du contrôle douanier a posteriori et d'offrir une approche pratique et spécifique des rôles et responsabilités des uns et des autres. En l'intitulant Les procédures de contrôle a posteriori en RD Congo, mise en oeuvre de contrôles douaniers et accisiens modernes et efficaces, l'auteur a volontairement pris le parti de questionner l'ensemble des composantes susceptibles d'influencer la performance de l'administration douanière, y compris les aspects humains" (extrait de la préface de Albert Yuma Mulimbi)
(Coll. Comptes Rendus, 270 p., 28 euros)
ISBN : 978-2-343-17235-4, EAN EBOOK : 9782140122149

AN OUTILINE OF CUSTOMS POLICY OF THE DEMOCRATIC REPUBLIC OF CONGO
2003-2010
Jean-Paul Esamba Bokel'Ipoka
Foreword by Déo Rugwiza Magera
An Outline of Customs Policy of the Democratic Republic of Congo presents in the easiest way what is meant by customs policy in general, its basics namely: objects, elements, sources, instruments, functions (...), regional and international frameworks. The author stresses on the customs policy progress from 2003 to 2010, which is a decisive period in the DRC customs management, through the implementation of 2003 customs reform and modernization programme.
(Coll. Harmattan Cameroun, 156 p., 17 euros)
ISBN : 978-2-343-17710-6, EAN EBOOK : 9782140122040

LE DÉDOUANEMENT INFORMATISÉ EN RÉPUBLIQUE DÉMOCRATIQUE DU CONGO

avec 20 exercices corrigés

Christophe Banyakwa Babingwa

Préface de Désiré-Benoit Nianda Malanda - Postface de Ferdinand Musatula Mukambu

Considérant le caractère déclaratif du régime fiscal congolais et la série de contrôle que doit effectuer la douane sur une déclaration des marchandises, l'agent de douane, le déclarant en douane, ainsi que tous les usagers de la douane doivent être formés et outillés pour avoir la même compréhension sur la procédure de dédouanement conformément aux lois et textes légaux et réglementaires en vigueur. Ce manuel est à la fois une contribution à la formation et un outil de travail pour les usagers de la douane.

Les Impliqués (222 p., 23,5 euros)

ISBN : 978-2-343-17312-2, EAN EBOOK : 9782140121975

LE PYGMÉE CONGOLAIS EXPOSÉ DANS UN ZOO AMÉRICAIN

Sur les traces d'Ota Benga

Nouvelle édition revue et augmentée

Ngimbi Kalumvueziko

Le 16 septembre 2017, une plaque historique en mémoire d'Ota Benga, le Pygmée congolais qui avait été exposé dans une cage avec des singes au Zoo de New York en 1906, a été dévoilée à Lynchburg, dans l'état de Virginia aux États-Unis. Voilà qu'un être humain qui a connu l'extrême déchéance pour avoir été traité comme un animal est honoré et devient le premier Africain reconnu dans l'histoire américaine. Son histoire s'inscrit dans le contexte de la propagation de l'idée de « hiérarchie des races » et est emblématique du phénomène de « zoos humains » en vogue dans le monde occidental au 19e siècle et au début du 20e siècle. Ce livre expose cette curieuse, poignante et très complexe histoire par devoir de mémoire historique et pour en appeler au respect de la dignité humaine.

(Coll. Études africaines, 180 p., 19 euros)

ISBN : 978-2-343-17361-0, EAN EBOOK : 9782140120732

DROITS DES TÉLÉCOMS ET DU NUMÉRIQUE

Profil africain et congolais, prospective comparée d'Europe et de France

Kodjo Ndukuma Adjayi

Les télécoms, l'Internet et le numérique sont des facteurs techniques de transformation du droit. À l'origine, les télécoms étaient sous le régime des services publics. À partir des États-Unis et de l'Europe, l'OMC (1994-1997) a promu le droit sectoriel de la régulation. Partout, de nouveaux défis sont nés, dans le démantèlement des monopoles vers une totale économie de marché. Pour la République démocratique du Congo, ses lois « dérégulatrices », figées depuis le 16 octobre 2002, contrastent avec les mutations numériques, économiques et sociétales des États postmodernes à l'épreuve d'Internet. L'« Europe des télécoms » réajuste constamment sa politique législative autour d'objectifs structurants : construction du marché, diffusion technologique, protection des données, etc. Si l'Afrique s'adapte à peine et avec peine, la République démocratique du Congo entend bien encadrer télécoms et TIC, renouveau de régulation étatique, échanges et commerce électroniques, à travers trois textes de loi en gestation...

(Coll. Enjeux et droits numériques, 434 p., 39 euros)

ISBN : 978-2-343-15722-1, EAN EBOOK : 9782140119033

DROIT DE L'ÉCONOMIE NUMÉRIQUE

E-commerce et dérégulation européenne, française, internationale, africaine, congolaise des télécoms

Kodjo Ndukuma Adjayi

Télécoms, Internet et numérisation ont donné prise à la révolution numérique. La phénoménologie d'ordre sociétal qui en résulte est une source réelle pour le Droit. Aujourd'hui, l'État fait face à des polycentres du pouvoir normatif et aux géants planétaires du Net. L'indépendance du Net postule la régulation seulement par le code informatique et par le marché. Tourneboulés, les paradigmes du droit offrent deux approches possibles de législation : via le contenu des activités réseautées ou via leur contenant. Le réseau est, en effet, la voie électronique pour le commerce à distance. Il monétise la valeur du clic ainsi que les intelligences sans cesse inventives. Il faut donc appréhender les enjeux dans le champ d'un Droit de l'économie numérique.

(Coll. Enjeux et droits numériques, 460 p., 42 euros)

ISBN : 978-2-343-15721-4, EAN EBOOK : 9782140119057

CONJONCTURES DE L'AFRIQUE CENTRALE 2019

Sara Geenen, Aymar Nyenyezi Bisoka, An Ansoms

L'année 2018 en Afrique centrale a été marquée par une transition politique inopinée en République démocratique du Congo, une réforme constitutionnelle attendue au Burundi et une victoire législative prévisible de la coalition présidentielle au Rwanda. Cet ouvrage analyse tour à tour cinq thématiques : les élections, les exilés, l'ethnicité, la gouvernance et les innovations. Par ailleurs, il permet d'envisager les transitions et les transformations en Afrique centrale, mais également les continuités et les reculs, afin de pouvoir penser des voies possibles et constructives vers des changements futurs au bénéfice de la population de la région.

(Coll. Cahiers Africains, 462 p., 39 euros)

ISBN : 978-2-343-17514-0, EAN EBOOK : 9782140120183

L'ÉDUCATION AUX VALEURS CHEZ LES DING ORIENTAUX EN RDC TOME 3

De 1885 à nos jours

Approche pédagogique

Placide Malung'Mper Akpanabi

Préface de Guy Avanzini

Ce troisième tome analyse le concept « valeur » et présente la pédagogie et la didactique de l'éducation aux valeurs. Son enjeu est d'avoir trouvé, d'une part, la médiation pédagogique comme une forme de pédagogie d'éducation aux valeurs pouvant harmoniser le conflit des systèmes des valeurs en jeu et, d'autre part, d'avoir réellement trouvé dans la palabre africaine les bases de la pédagogie de la médiation socio-cognitive, puis d'avoir développé les modalités d'une vraie entrée de cette approche dans le système éducatif.

(Coll. Études africaines, 378 p., 38 euros)

ISBN : 978-2-343-16421-2, EAN EBOOK : 9782140119712

L'ÉDUCATION AUX VALEURS CHEZ LES DING ORIENTAUX EN RDC TOME 2

De 1885 à nos jours

Approche historique

Placide Malung'Mper Akpanabi

Préface de Guy Avanzini

Ce deuxième tome est une analyse historique des acquis de la colonisation et de l'évangélisation, des témoignages des acteurs de cette époque et des transformations introduites dans le système éducatif de la R. D. Congo et des traditions des Ding Orientaux, comme des codes culturels occidentaux et le contexte de la pénétration des valeurs occidentales chez ces populations, offrant une clé de confrontation, entre elles, de la Tradition et de la Modernité, pour ou contre une continuité-discontinuité.

(Coll. Études africaines, 320 p., 33 euros)

ISBN : 978-2-343-16420-5, EAN EBOOK : 9782140119705

L'ÉDUCATION AUX VALEURS CHEZ LES DING ORIENTAUX EN RDC TOME 1

De 1885 à nos jours

Approche ethnologique

Placide Malung'Mper Akpanabi

Préface de Guy Avanzini

« L'éducation aux valeurs » permet de passer de la nature à la culture et à la société humaine. Ce premier tome aborde l'ethnologie des populations des Ding orientaux où sont présentées les descriptions ethnographiques des racines et de l'évolution de l'univers traditionnel des Ding orientaux (Kwilu) donnant la clé de lecture de la mentalité et des valeurs traditionnelles de ce peuple.

(Coll. Études africaines, 338 p., 35 euros)

ISBN : 978-2-343-16419-9, EAN EBOOK : 9782140119699

LE ZAÏRE, PAYS À GÉOMÉTRIE VARIABLE

Venant Fali Ngalikpima

L'Histoire du Royaume du Congo remonte à quelques siècles en arrière. L'imaginaire, le roman et la réalité cruelle se côtoient, se croisent et se confondent. C'est bien cette porosité qui explique et dicte le comportement et la logique de l'évolution des acteurs de cet ouvrage. C'est cette confrontation avec l'Histoire que le docteur Jean-Marie Mokili fera vivre à travers ses propres souvenirs et ceux de son peuple.

Les Impliqués (154 p., 17,5 euros)

ISBN : 978-2-343-17031-2, EAN EBOOK : 9782140119453

LA PRESSE CONGOLAISE DE FRANCE 1995-1997

Jerry Mpereng

Cet ouvrage est une étude monographique de la presse congolaise parue en France entre 1995 et 1997 dans la diaspora. Cette production journalistique est particulièrement riche en informations sur cette communauté en exil, mais elle révèle aussi un fonctionnement spécifique, du fait qu'elle évolue en dehors des circuits de fabrication et de distribution de la presse française. L'intérêt de ce livre réside donc dans l'analyse méthodique d'une source d'information.

(Coll. Études africaines, 108 p., 13 euros)

ISBN : 978-2-343-15285-1, EAN EBOOK : 9782140114557

Structures éditoriales du groupe L'Harmattan

L'Harmattan Italie
Via degli Artisti, 15
10124 Torino
harmattan.italia@gmail.com

L'Harmattan Hongrie
Kossuth l. u. 14-16.
1053 Budapest
harmattan@harmattan.hu

L'Harmattan Sénégal
10 VDN en face Mermoz
BP 45034 Dakar-Fann
senharmattan@gmail.com

L'Harmattan Cameroun
TSINGA/FECAFOOT
BP 11486 Yaoundé
inkoukam@gmail.com

L'Harmattan Burkina Faso
Achille Somé – tengnule@hotmail.fr

L'Harmattan Guinée
Almamya, rue KA 028 OKB Agency
BP 3470 Conakry
harmattanguinee@yahoo.fr

L'Harmattan RDC
185, avenue Nyangwe
Commune de Lingwala – Kinshasa
matangilamusadila@yahoo.fr

L'Harmattan Congo
67, boulevard Denis-Sassou-N'Guesso
BP 2874 Brazzaville
harmattan.congo@yahoo.fr

L'Harmattan Mali
Sirakoro-Meguetana V31
Bamako
syllaka@yahoo.fr

L'Harmattan Togo
Djidjole – Lomé
Maison Amela
face EPP BATOME
ddamela@aol.com

L'Harmattan Côte d'Ivoire
Résidence Karl – Cité des Arts
Abidjan-Cocody
03 BP 1588 Abidjan
espace_harmattan.ci@hotmail.fr

L'Harmattan Algérie
22, rue Moulay-Mohamed
31000 Oran
info2@harmattan-algerie.com

L'Harmattan Maroc
5, rue Ferrane-Kouicha, Talaâ-Elkbira
Chrableyine, Fès-Médine
30000 Fès
harmattan.maroc@gmail.com

Nos librairies en France

Librairie internationale
16, rue des Écoles – 75005 Paris
librairie.internationale@harmattan.fr
01 40 46 79 11
www.librairieharmattan.com

Librairie l'Espace Harmattan
21 bis, rue des Écoles – 75005 Paris
librairie.espace@harmattan.fr
01 43 29 49 42

Lib. sciences humaines & histoire
21, rue des Écoles – 75005 Paris
librairie.sh@harmattan.fr
01 46 34 13 71
www.librairieharmattansh.com

Lib. Méditerranée & Moyen-Orient
7, rue des Carmes – 75005 Paris
librairie.mediterranee@harmattan.fr
01 43 29 71 15

Librairie Le Lucernaire
53, rue Notre-Dame-des-Champs – 75006 Paris
librairie@lucernaire.fr
01 42 22 67 13

www.ingramcontent.com/pod-product-compliance
Lightning Source LLC
LaVergne TN
LVHW021237061026
849535LV00008B/3103
9782343139746